희망과 변화의 메시지

인간은 끈임없이 변화하고자 하는 존재이다.

복잡하고 다양성을 요구하는 현대 사회를 사는 지혜,

바로 나 자신의 외적 변화를 통하여

내면의 이미지까지 변화시켜

긍정적인 이미지를 형성하는 것이다.

자신감이 생기고, 의욕이 넘쳐날 것이다.

치열한 경쟁 사회에서 살아남기 위한 개인의 전략,

바로 이미지 메이킹이다.

자신의 이미지 특성을 찾아보자.

그리고 그에 어울리는 스타일링을 연출해 보자.

가장 멋스럽고 매력적인 자신만의 모습이 표현될 것이다.

이미지 메이킹 시대의 경쟁력

퍼스널 이미지
커뮤니케이션

PERSONAL IMAGE COMMUNICATION 안성남 저

학지사

사물 인터넷, 인공 지능(AI), 빅데이터 등이 이끄는 4차 산업혁명은 과거의 산업혁명에 비해 더 넓은 영역에, 더 빠른 속도로, 산업 전반에 매우 큰 영향을 끼치며 우리와 함께하고 있다. 이와 더불어 로봇이나 첨단 기술이 대신할 수 없는 분야인 인간의 오감으로 만들어내는 이미지 분야에 대한 관심이 뜨겁다. 개인의 강점과 관심사를 소개하며 스스로를 알리는, 즉 자신의 이미지를 관리하는 사람들이 많아졌다는 것이다. 자신의 모습을 당당하게 드러내며, 본인을 브랜드로 키워가는 사람들에게 본인의 강점을 살리는 이미지 메이킹은 현대를 살아가는 우리에게 이제 선택이 아닌 필수 요소로 등장하였다. 이는 자존심을 지키면서 자신감을 가지고 긍정적인 에너지를 발산하면서 성공적인 삶을 살 수 있는 최선의 방법이기 때문이다.

사회적 존재로서의 한 인간은 자신의 의도와 상관없이 상대에게 비추어지는 외적 이미지가 곧 자신의 정체성으로 굳어진다. 현대 사회의 구성원이라면 누구나 퍼스널 이미지 메이킹이 전략적으로 필요하다. 개인의 이미지를 효과적으로 형성하고, 이를 유지하기 위해 지속적인 관심과 관리가 필요하다.

인간관계에서 원활한 커뮤니케이션은 매우 어렵고 긴 인내를 요구하는 과정이다. 이는 자신을 향한 끊임없는 수양이며 타인에 대한 섬김이라고 할 수 있다. 진정한 소통은 단순한 기술이나 기교가 아니라 먼저 나 자신을 알고 행동하는 소소한 태도와 자세에서 비롯된다. 개인적인 인간관계나 사회생활에서 소통 없이는 좋은 결과를 기대할 수 없다. 이미지 메이킹의 목적 중 하나는 커뮤니케이션 능력 향상, 즉 자신과 소통하고 상대방과 소통하고 세상과 소통하기 위함이다.

패션은 끊임없이 변화하면서 현재의 유행으로 이어진다. 현대인은 옷을 입는 것이 아니라 패션을 입는다고 할 정도로 패션의 영향을 받으며 패션 시대에 살고 있다. 패션 트렌드는 그 시대의 문화와 사회 전반을 들여다볼 수 있는 비언어적 도구이다. 빠르게 변화하는 패션 트렌드 속에서 유행에 뒤처지지 않는 긍정적인 패션 이미지를 찾아 가꾸어 시간과 장소, 직업, 신분에 맞는 이미지 연출에 힘써야 한다. 사람들은 개성 있는 자신만의 이미지를 만들기 위해 노력한다. 내가 어떤 사람인지, 나의 장점을 최대한 표출하면서 최상의 결과를 얻으려 노력하되, 나의 외모나 특징에 맞는 나만의 이미지 스타일링을 위해 투자를 아끼지 않는다. 즉, 자기 PR을 하는 데 시간과 노력 및 비용을 아끼지 않는다.

이 책은 이미지 메이킹에 대하여 전반적으로 이해하고 이미지 커뮤니케이션의 중요성을 알고 실천하는 데 주안점을 두었다. 그리고 개성에 어울리는 자신만의 이미지를 연출하여 자신감 있는 사회생활을 하는 데 도움이 될 수 있도록 구성하였다.

이 책이 이미지 메이킹 분야를 공부하는 학생들은 물론, 이미지 변화를 통하여 성취감과 자신감을 얻고자 하는 모든 사람에게 좋은 길라잡이가 되기를 바란다. 아울러 이미지 메이킹을 통하여 긍정적인 자기 이미지를 형성하고 싶은 사람들, 변화의 문 앞에서 망설이고 있는 사람들, 또 이미지 메이킹 방법을 찾지 못해 고민하는 사람들에게 조금이나마 보탬이 되었으면 하는 마음 간절하다.

2023년 1월
저자 안 성 남

Contents
차례

퍼스널 이미지 커뮤니케이션

007

009

011

PART **1**

퍼스널 이미지 메이킹의 이해

Chapter 01

퍼스널 이미지

1. 이미지의 이해

2. 이미지 관리

1 이미지의 이해

    로봇이 인간을 대체하고 인간은 그들의 지배를 받으며 세계가 결국 로봇들의 감시와 지배 체제 아래 운영되는 내용을 다룬 디스토피아(Distopia) 영화가 있다. 이러한 소재는 단순한 상상의 영역에 머물러 있었으나, 이제는 단순히 상상에 그칠 사안만은 아닌 시대에 살고 있다.

    우리는 이미 구글 딥마인드(Google DeepMind)가 개발한 인공 지능 바둑 프로그램인 알파고(AlphaGo)의 인간 사회 등장을 맞이하였다. 그리고 그 전후로도 사회 전반에 걸쳐 AI(Artificial Intelligence, 인공 지능) 시스템을 비롯해 4차 산업혁명을 이끄는 사회·문화적 시스템 구조가 우리 생활 곳곳에 편리함이라는 무기를 바탕으로 성공적으로 스며든 것을 쉽게 확인할 수 있다.

    직업 분야에서도 이를 관심 없이 대충 보아 넘기기는 힘들다. 영원한 직업, 평생 직업이라고 생각했던 안일한 개념들이 사라지고 있다. 어제까지도 몸담아왔던 일들이 이제는 그러한 시스템에 의해 대체되고 있다. 그뿐만이 아니다. 여러 사회·문화적 환경이 급변하고, 그에 따른 정책들의 변화가 계속되는 가운데에서도 우리는 자신의 이미지를 잘 만들고 관리하면 자신의 가치를 높여 적극적으로 대처해 나갈 수 있다. 이렇게 복잡하고 어려운 세상, 우리는 어떤 이미지로 살아남아야 할까?

    현대 사회에서는 이미지 마케팅이라는 말이 유행할 정도로 개인 이미지를 중요시하여 관리하고 있다. 또한, 조직이나 기업들도 그들만의 이미지를 만들기 위해 노력하고 있다. 이러한 기업 이미지는 기업의 브랜드 자산으로 평가하고 있으며, 대부분의 기업들은 그들의 이미지 형성 및 관리를 위하여 여러 방면으로 투자를 아끼지 않고 있다.

1 이미지란

이미지의 개념

우리는 일상생활에서 이미지라는 말을 많이 하고 또 들으면서 살아간다. 이렇듯 이미지라는 말이 자주 쓰이는 것은, 이미지가 그만큼 우리 생활에 깊숙이 자리매김 하여 우리의 삶에 중요한 요소로 작용하고 있기 때문이다. 그러나 이러한 이미지가 지나치게 우리의 삶을 지배하게 되지 않나 하는 두려움이 생기기도 한다.

이미지란 어떤 사람이나 사물로부터 받는 느낌을 말한다. 이는 어떠한 대상(무형, 유형)에 대해 마음속에 그려지는 시각적 영상이나 느낌이며, 어떤 사람이나 사물에 대해 가지는 기억, 인상, 평가 및 태도의 총체이다. 또한, 우리가 무엇인가를 생각할 때 그것에 대해서 자신의 마음속에 선명하게 남아 있는 것으로서, 어떤 대상으로부터 떠오르는 하나의 현상이다.

> **TIP 이미지의 몇 가지 정의**
>
> 심상(心象/心像): 마음의 상태/마음의 바탕
> 영상(映像): 머릿속에서 그려지는 모습이나 광경
> 인상(人相/印象): 사람 얼굴의 생김새/어떤 대상에 대하여 마음속에 새겨지는 느낌

우리는 흔히 현대를 이미지의 시대라고도 한다. 이렇듯 수많은 이미지들이 우리 주위를 둘러싸고 있으며, 이러한 이미지들은 우리의 마음을 움직이게 한다.

이미지에 대한 설명은 매우 다양하다. 이미지는 관찰자들의 마음속에 자리 잡은 개념들의 배치 상태를 설명하는 데 사용된다. 다울링(Dawling, 1986)은 "이미지는 의미들의 세트이다. 사람들은 의미 세트에 의해 대상을 알고, 묘사하고, 기억하고 관련 짓는다. 이미지는 대상에 대한 개인의 믿음, 생각, 느낌, 인상의 상호 작용에서 결과한다."라고 하였다. 이는 이해관계자들이 조직의 특성과 마주침으로써 형성되는 이

미지는 각 이해관계자가 조직에 대해 가지는 경험, 신념, 느낌, 지식과 인상들의 상호 작용의 결과이다.

'이미지(Image)'라는 말은 우리 일상생활에서뿐만 아니라 여러 학문 분야에서 그 대상 범위를 넓게 사용하고 있으나 이를 명료하게 정의하기란 쉽지 않다. 이미지는 라틴어 '이마고(Imago)'에서 유래한 것으로, '모방하다'라는 뜻을 가진 '이미타리(Imitari)'에서 파생한 것이다.

이를 종합해 보면 이미지란 인간이 어떤 대상에 대해 가지고 있는 주관적 지식이자 신념, 인상의 집합으로 인지적 측면뿐만 아니라 감정적, 행동적 측면을 포괄하는 개념이라고 할 수 있다.

이미지와 평판

우리는 일상적인 인간관계에서 친한 사이는 아니라 해도 가끔 '저 사람이 나를 어떻게 생각할까?'라는 호기심이 생길 때가 있다. 반대로 지인에 대해 '저 사람은 어떤 사람이다.'라고 무의식적으로 인식하게 될 때도 있다. 그런데 가깝지 않은 사람들이 자신에 대해서 '이렇다', '저렇다'라고 정의하는 경우가 있는데, 이를 우리는 평판이라고 한다.

사는 동안 소속된 공동체에서 평판은 끊임없이 만들어진다. 학교에서, 동네에서, 회사에서, 동창회에서, 모임에서⋯⋯. 자신은 본질적으로 하나인데, 또 다른 내가 끊임없이 평판을 통해 만들어지는 것이다.

평판은 명확한 아이덴티티(Identity)에서 시작된다. 그리고 차별화된 아이덴티티에서 이미지가 구축되고 이런 이미지 위에 시간성과 이해관계자의 관계성이 결합되어 평판이 형성된다. 아이덴티티는 '나는 누구인가?'에 대한 답이다. 반면 이미지와 평판은 '남이 생각하는 나는 누구인가?'에 대한 답이라고 할 수 있다.

그런데 이러한 평판은 이미지와 별반 다르지 않다. 쉽게 말해 이미지에 시간과 노력(정성)을 더한 것을 평판이라고 할 수 있다.

| 이미지 | 시간 | 노력 | 평판 |

이미지와 평판의 관계

현대 사회에서 전 세계 젊은이들이 가고 싶은 기업으로 꼽히는 구글의 평판이 하루아침에 이루어졌을까? 전혀 그렇지 않다. 구글이 생겨나자마자 세상에 그 명성을 떨친 것은 아니었다. 이렇게 되기까지에는 긍정적인 평판을 쌓기 위해 많은 시간과 노력이 필요했을 것이다. 좋은 장맛은 하루아침에 우러난 것이 아니고 많은 시간과 정성이 깃든 결과물임과 같은 이치라고 할 수 있다.

구글의 이미지가 오랜 시간에 걸쳐 형성되고, 또 긍정적 이미지가 강화되거나 부정적 이미지가 긍정적 이미지로 바뀌는 일도 일어났다. 그리고 평판을 이루는 여러 이미지의 우선순위가 재배치되도록 노력했을 것이다. 이러한 과정을 거친 끝에 형성된 것이 바로 평판이다.

이미지는 어떤 대상에 대한 최근의 주관적인 신념과 인상이라면, 평판은 장기간에 걸쳐 형성된 실체라고 정의한 학자도 있다. 또 어떤 학자는 모든 이미지를 합해 최종적으로 가지는 결론적 이미지를 평판이라고 정의하였다. 이는 이미지와 평판은 그 뿌리가 같다는 것을 말한 것이다. 이미지에 시간이 더해져 최종적으로 내린 결론이 평판이기 때문이다.

이러한 평판은 비즈니스계에서 특히 중요하나. 하버드 비즈니스 리뷰(Harvard Business Review)에 실린 논문에 따르면 주식 시장에서 주가를 좌우하는 요인 중 70~80%는 브랜드나 지적 자본, 선의 등의 무형 자산이다. 평판이 좋은 기업은 우수한 인재를 끌어들이고 소비자에게 높은 가격을 요구할 수 있다. 또한, 강력한 시장 점유율을 기반으로 수익의 선순환을 이룬다.

반대로 평판이 나쁜 기업은 인재를 채용하고 유지하는 과정에서부터 어려움을 겪는다. 소비자의 관심을 끌기 어렵고 정부와 규제 기관의 감시에서도 자유롭지 않다.

셀프 이미지

사람은 각자 자신만의 이미지를 가지고 있다. 매일 방긋방긋 웃는 모습으로 환하게 인사하는 A를 생각하면 '밝고 명랑한 사람'이라는 이미지가 떠오르고, 매일 지각하지 않고 일찍 출근하는 B를 생각하면 '부지런한 사람'이라는 이미지가 떠오른다.

셀프 이미지(Self-Image), 즉 자기 이미지란 '나는 나 자신을 어떻게 생각하고 있는가?'를 뜻한다. 우리나라 말로는 자아상(自我像)이라고 하는데, 이는 자신의 존재, 능력 또는 역할 등 자기 자신에 대한 주관적인 평가와 견해이다. 자아상은 타인의 평가와 일치하지 않을 수도 있는데, 이에 대해서 '나는 이런 사람이다'라고 정의를 내릴 수 있다.

긍정적인 자기 이미지는 신체적, 정신적, 사회적, 감정적 행복을 증진시키는 능력과 잠재력을 가지고 있다. 반면에 부정적인 자기 이미지는 자신의 전반적인 삶의 만족과 기능뿐만 아니라 이러한 각 영역에서 자신의 가치를 감소시킬 수 있다.

> **TIP 셀프 이미지 높이는 방법**
>
> 1. 나의 장점에 대해 생각해 본다. 타인이 나를 칭찬했던 일은 무엇인가?
> 2. 나는 어떤 목적을 가지고 인생을 살아가고 있는지 생각해 본다. 그것이 왜 중요한지 생각하고 내가 꿈꾸는 이미지를 목표로 삼는다.
> 3. 부정적인 생각이나 비판들이 떠오른다면, 그것에서 긍정적인 목표를 찾아보고 건강한 생각을 하도록 노력한다.
> 4. 내가 좋아하는 것, 잘하는 것, 자랑스러워하는 것, 좋았던 일, 위기를 극복했던 일, 내게 도움을 준 사람, 내가 도움을 준 사람, 감사하는 것 등을 모두 적어 본다.

2 이미지의 유형

이미지의 개념은 매우 포괄적인 만큼 그 유형 또한 다양하다. 이미지는 사람, 조직, 사물, 사건 등 모든 것이 대상이 될 수 있다. 이미지의 유형(대상)을 구분하는 가장 큰 목적과 이유는 이미지 관리 전략과 맞물려 있다. 모든 이미지 관리 주체마다 각기 나름의 특수성이 있으므로 효율적인 이미지 관리를 위해서는 당연히 이에 대한 고려가 필요하기 때문이다.

이러한 이미지의 유형은 이미지 형성 객체를 기준으로 한 유형과 이미지 형성 주체를 기준으로 한 유형으로 나누어 볼 수 있다.

이미지 형성 객체를 기준으로 한 유형

이미지 형성 객체(대상)를 기준으로 한 이미지의 유형에는 개인 이미지는 물론 기업 이미지, 조직이나 단체 이미지, 국가 이미지, 상품 이미지 등을 들 수 있다.

개인 이미지는 일반 개인(학생, 경찰관, 의사, 공무원, 운전기사 등)에서부터 조직의 CEO, 대통령 등 국가 원수의 이미지에 이르기까지 그 범주가 매우 넓다.

기업, 조직이나 단체 이미지는 영리, 비영리 법인을 망라하며 NGO도 여기에 해당한다고 할 수 있다.

각기 다른 개인 이미지

국가는 개인, 기업, 조직이나 단체보다 상위의 단위라고 할 수 있으며, 이 역시 이미지의 대상이 된다.

상품 이미지는 휴대 전화, 가전제품, 식료품, 자동차, 선박, 항공기, 안경, 볼펜, 가방 등 모든 상품이 해당한다. 그리고 이러한 유형의 상품뿐만 아니라 관광, 서비스 등 무형의 상품도 여기에 포함한다.

어떤 대상을 기억할 때 함께 생각나는 단어나 느낌의 총체인 이미지는 실상과 허상, 균형과 조화이다. 이미지는 사람이나 조직, 사물뿐만 아니라 추상적인 사건도 대상이 될 수 있다는 점에서 세분하면 다양한 유형으로 분류해 볼 수 있다.

이미지 형성 주체를 기준으로 한 유형

이미지의 유형은 형성 주체를 기준으로 구분해 볼 수도 있다. 이미지를 형성하는 이들이 조직이나 단체의 내부인지 외부인지에 따라 조직(단체) 내부 이미지와 외부(고객) 이미지로 나눌 수 있고, 내국인이냐 외국인이냐를 기준으로 자국민 이미지와 외국인 이미지로 구분해 볼 수 있다. 또한, 일반인이냐 전문가 집단이냐를 기준으로 일반인 이미지, 전문가 집단 이미지로 나누어 볼 수도 있다.

이처럼 주체를 기준으로 한 이미지 유형은 국적, 성, 연령, 직업, 학력, 소득 등에 따라 다양하게 세분할 수 있다.

이미지의 유형 분류

기준	분류	이미지 내용
이미지 형성 객체 (대상)	개인 이미지	일반 개인, CEO, 경찰관, 대통령 등의 이미지
	조직(단체) 이미지	영리/비영리 법인을 망라하여 NGO도 해당
	국가 이미지	개인, 기업, 조직이나 단체보다 상위의 단위
	상품 이미지	휴대 전화, 가전제품, 자동차, 선박, 항공기 등의 이미지
이미지 형성 주체	조직의 내부냐 외부냐	내부 이미지, 외부(고객) 이미지
	내국인이냐 외국인이냐	자국민 이미지, 외국인 이미지
	일반인이냐 전문가냐	일반인 이미지, 전문가 집단 이미지

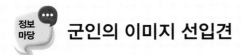 군인의 이미지 선입견

개인의 이미지가 경쟁력이 되어버린 세상이다. 똑같은 직업과 가치관을 가진 사람이라도 보여주는 이미지에 따라 상대가 갖는 느낌은 천차만별이며, 호감 이미지는 개인이 생활하는 데 내적 역량과는 별개로 큰 도움이 된다. 군인의 경우 주로 부대에서 생활하기 때문에 타인에게 비치는 이미지가 상대적으로 중요해 보이지 않을 수 있지만, 일반 사회에서 사람들을 대하거나 특히 전역 후 전직을 앞둔 경우라면 달리 생각할 수 있다.

군인의 기본적인 이미지는 군기이다. 군은 군기를 바탕으로 유지되며, 지휘 체계의 근간이라고도 할 수 있다. 외부에서 바라보는 군기의 긍정적인 이미지는 조직 질서를 잘 이해한다는 측면으로 조직 내 하급자보다 상급자들에게 선호될 수 있다. 특히나 취업 면에서 생각하자면 군기라는 이미지를 통해 인사·감찰 업무 등 조직 전반의 공정한 관리에 적합할 것이라는 인식을 심어줄 수 있다. 하지만 이에 반해 지나치게 꽉 막힐 정도로 위계질서만 고집할 것이라는 부정적인 선입견도 있으며, 특히 오늘날 사회 트렌드인 수평적인 조직 문화에는 부합하지 않고, 조직 내 하급자들과 근무하면서 불화 요인으로 비칠 수 있다는 점도 인지할 필요가 있다.

군인이 갖는 또 다른 이미지는 군 복무에 따른 후광 효과(後光效果)이다. 대부분 그렇듯이, 오랜 기간 국가를 위해 헌신하는 이미지는 긍정적으로 책임감이 강하고, 성실하며, 묵묵히 소임을 달성할 것이라는 선입견을 동반한다. 하지만 20년, 30년이 주는 시간의 무게감이 적지 않고 또 부대라는 특수한 공간이 자칫 단절과 폐쇄의 의미로 비칠 때 소통의 부재 혹은 세상 물정을 잘 모르는 순진함으로 비칠 수 있기에 다량의 독서나 개인 학습을 통해 사고의 유연성을 확장하는 노력이 필요하다.

마지막은 개인에 따라 큰 편차를 보이는 것인데, 화술(話術)과 관련한 이미지이다. 군인은 사실상 지휘를 하는 입장과 받는 입장으로 나뉘어 생활하게 되고, 지휘관 또는 중간 관리자로서 언변에 능한 사람과 그렇지 못한 사람으로도 구분할 수 있다.

(출처: 국방일보, 2022년 09월 18일)

사진 자료: 대한민국 국방부

Chap 01

023

3 퍼스널 이미지의 요소

개인이나 어떤 대상의 이미지는 극히 주관적인 것으로, 사람이나 컬러, 스타일 등 대상에 대한 직접적인 경험이 없어도 만들어질 수 있는 것들이다. 개인의 이미지를 형성하고 결정하는 요소에는 어떠한 것들이 있을까?

퍼스널 이미지를 형성하는 요소

이미지 형성은 항상 적시에 가장 바른 일을 하기 위해 자신을 드러내는 과정이다. 자신을 어떤 모습으로 나타낼 것인가를 정해놓고 그런 모습이 나올 수 있도록 준비하는 일이 바로 이미지 형성이다.

이미지는 상대방에게 자신을 알리는 단서가 되므로 인간관계를 맺고 사회생활을 함에 있어서 무엇보다 중요하게 작용한다. 이미지 형성에 영향을 미치는 핵심 요인이 무엇인지를 찾아내고, 개선해 나가면 자신의 브랜드 가치를 상승시킬 수 있다.

기존의 부정적 이미지를 긍정적으로 바꾸거나 현재의 긍정적 이미지를 지속적으로 유지·발전시키려고 한다면, 가장 먼저 해야 할 필수 작업 중 하나가 이미지 형성에 영향을 미치는 요인을 파악하는 것이다.

자신의 성공적인 이미지를 형성하는 요소는 크게 외모, 표정, 음성(말), 태도(자세), 용모로 나눌 수 있다. 대부분이 겉으로 드러나는 것들인데 이런 것들이 모여서 개인의 종합적인 이미지가 된다.

① 외모 이미지

외모는 신체적 특성으로 얼굴, 체격, 건강 상태, 의복, 화장, 액세서리 등을 포함하여 우리가 타인을 지각할 때 다른 사람을 구분해 주는 단서이다. 즉, 타인을 지각하는 첫 번째 단서가 그 사람의 신체적 용모(Physical-Appearance)이다. 이는 사회적 고정관념의 주요한 원인이 되기도 하며 사회적 평가의 기초로 사용된다.

사람들은 '아름다움은 내면에 있다.'라는 말을 하지만, 실제로 다른 사람에 대해 판단을 할 때 외모에 영향을 받기 마련이다. 외모는 이제 자기 관리의 한 부분으로 정착되었다. 잘생긴 얼굴이 아니더라도 밝은 인상과 청결함, 옷차림, 헤어스타일, 분위기, 센스 있는 행동, 재치 있는 언변, 다이어트(체중 관리) 등으로 외모 매력도를 얼마든지 높일 수 있다. 매력적인 외모는 다른 요소와 함께 호의적인 반응을 이끌어내어 대인관계와 사회 활동을 하는 데 도움을 준다.

② 표정 이미지

표정은 마음속에 품은 감정이나 정서 등의 심리 상태가 겉으로 드러나는 모습을 말한다. 사람을 처음 대할 때 첫인상을 결정하는 비언어적 요소 가운데 표정만큼 중요한 요소는 없다.

얼굴 표정은 눈과 입의 표정에 따라서 각기 다르게 표현된다. 미소를 띤 밝은 표정은 첫인상을 좋게 하며, 부드러운 인상으로 인한 삶에 대한 의욕과 진실성을 드러내 보인다. 그러나 무표정이나 어두운 표정은 의욕이 없어 보이기도 하지만, 소극적이고 대인관계가 원만하지 않을 것으로 보인다.

이러한 표정은 상대방에게 곧바로 인상이 전달되기 때문에 원만한 대인관계 형성을 위해 항상 표정을 밝게 하고 표정 이미지를 가꾸어야 한다.

③ 음성 이미지

음성은 사람의 목소리나 말소리를 말하는 것으로, 대화에서 서로의 언어를 교환하고 전달하는 과정에서 커뮤니케이션의 기본 요소이다. 매너 중에서도 우리가 조심하고 지켜야 할 말과 행동은 개인의 인성과 인격을 느끼게 한다.

목소리는 목구멍에서 나는 소리로, 고운 목소리, 떨리는 목소리, 큰 목소리 등이 있다. 말소리는 말하는 소리로, 나직한 말소리, 상냥한 말소리, 높은 말소리 등이 있다. 이들은 모두 개인의 의지와 노력에 따라 호감 가는 말소리와 목소리로 가다듬어질 수 있다.

음성은 개인마다 다른 특색이 있어 목소리와 말소리만으로도 그 사람의 성격이나 인격, 직업까지도 파악할 수 있는 요소가 된다. 우리가 말을 할 때는 상대방에게 경어를 사용해야 함은 물론, 상대방을 존중한다는 뜻으로 마음을 전달해야 한다. 타고난 음성의 색깔은 바꿀 수 없지만, 음성의 분위기와 태도, 빠르기 등은 훈련을 통해 바꿀 수 있으므로 음의 결을 다듬는 노력이 필요하다. 품격 있는 목소리는 자신의 파워를 발휘할 수 있으며 가치를 높일 수 있다.

④ 태도 이미지

태도는 몸의 동작이나 몸을 가누는 모양새를 말하는데, 어떤 일이나 상황에 대하는 마음가짐이나 그 마음가짐이 드러난 자세를 말하기도 한다.

우리가 흔히 사용하는 말 중에서 '친근하다, 성실하다, 겸손하다, 따뜻하다' 등의 말이 있고, 반면에 '싸가지 없다, 불손하다, 거칠다, 차갑다' 등의 말이 있다. 이 모두가 그 사람의 태도를 말하고 있다. 겸손하고 예의 바른 태도는 외모보다 훨씬 더 퍼스널 이미지를 돋보이게 한다.

> **TIP 좋은 이미지 만들기 위한 10가지 방법**
>
> 1. 옷은 TPO에 맞게 입는다.
> 2. 나만의 향으로 인상을 남긴다.
> 3. 만날 때와 헤어질 때 악수를 한다.
> 4. 상대방의 일과 취미 등에 대해 묻는다.
> 5. 악수하고 대화할 때 자주 미소를 짓는다.
> 6. 잘난 척하지 말고 모르는 것은 겸손하게 물어본다.
> 7. 대화할 때는 전적으로 상대방에게 전념한다.
> 8. 내가 말하기보다 상대방의 말을 잘 들어준다.
> 9. 나의 참모습을 보여주며 언행을 편하게 한다.
> 10. 만나서 헤어질 때까지 상대방의 눈을 보며 대화한다.

이미지의 분류

우리는 일상생활에서 많은 사람을 만나면서 누군가를 떠올리고 그의 이미지에 대해 생각하고 표현한다. 그러면서 상대방은 나를 '어떻게 볼까? 어떻게 생각할까?' 반대로 나는 상대방을 '어떻게 보았는가? 어떻게 생각했는가?'와 같은 생각을 하곤 한다.

이미지를 전달하는 요소에는 표정, 인사, 복장, 말씨, 행동, 걸음걸이, 태도 등 여러 가지가 있다. 그런데 우리는 이미지라고 하면 바로 외모, 즉 외적 이미지만 떠올리게 된다. 하지만 이러한 요소들은 내적 이미지와 외적 이미지로 분류할 수 있다.

① 내적 이미지

내적 이미지란 심리적, 정신적, 정서적 특성이 이미지화된 것으로, 보통 '인성'이라고도 한다. 이는 인간의 심리적, 정신적, 정서적인 특성이 고유하고 독특하게 형성되어 있는 상태를 말하는데, 심성, 생각, 습관, 욕구, 감정, 교육 수준이나 가치관, 목표나 신념, 성격, 신뢰감, 이상향 등의 유기적인 결합체를 의미한다. 또한 개인의 내면에 형성되어 있는 의식과 정서를 포함하고 있는 본질적인 이미지를 의미한다.

이러한 내적 이미지는 자아 교육과 학습을 통한 지식, 사고 체계 등의 인지적 요소, 감정과 기분 등의 정서적 요소 및 천성과 기질 등의 성격과 성향 등에 의해 형성된다.

내적 이미지는 품위와 인성을 형성하게 되어 좋은 인품을 보여주는 요소로 작용한다. 내적 이미지를 만들지 않고서는 호감 가는 외적 이미지를 연출하기는 어렵다. 요즈음 세상이 아무리 외모 지상주의라고 해도 단지 외적으로만 이미지를 가꾸는 것은 상대방에게 형식적으로 보일 뿐 아니라 진실성이 결여된 이미지를 전달할 수밖에 없다. 내적 이미지는 눈에 보이지는 않지만 결국 변화하고자 노력하는 마음으로 성공적인 퍼스널 이미지 구축에 중요한 역할을 한다.

상대방을 평가하는 기준으로 외적 이미지를 중시하지만 그 외적 이미지를 가꾸어내는 것은 내면적인 가치이다. 외적 이미지는 내면에서부터 생성되기 때문이다. 따라서 내면의 생각과 마음가짐이 무엇보다 중요하다.

내적 이미지는 개인의 내면 깊이 있는 곳에 형성되어 있는 의식과 정서를 포함한 것을 의미하므로, 인간의 내적 이미지는 외적 이미지로 나타나게 되고 이것은 곧 사회적 이미지로 나타난다. 본질이 없는 현상은 있을 수 없기 때문이다.

② 외적 이미지

외적 이미지는 내적 이미지가 외부로 표현된 현상으로, 신체에 대해 갖는 감정이나 태도를 나타내는 개념이다. 이는 시각적으로 나타나는 외형상의 이미지로, 신체적 특징에 대해 갖는 느낌과 의복과 관련하여 나타나는 행동적 태도를 포함한다.

외적 이미지는 개인의 패션 스타일부터 표정, 말투, 태도, 자세, 제스처 등 외적으로 표현되는 모든 것을 말한다. 이는 자신의 직업과 역할에 따라 각각 다르게 표현되어야 하는데, 외모적 이미지, 행동적 이미지, 언어적 이미지의 세 가지로 표현된다.

첫째, 외모적 이미지는 일단 겉모습을 말하는데, 패션 스타일, 헤어스타일, 메이크업 등이 해당한다. 여기에 표정 같은 것도 외모적 이미지에 포함할 수 있겠다.

둘째, 행동적 이미지는 자세, 혹은 제스처, 걸음걸이 등 행동에서 나타나는 이미지를 말한다.

셋째, 언어적 이미지는 커뮤니케이션, 그 사람의 말투, 목소리, 말의 내용 등을 포함하고 있다.

아름다운 외모를 가진 사람이라 하더라도 내적 이미지, 즉 인성이나 교양이 갖추어지지 않은 사람을 정말 아름다운 사람이라고 할 수 있을까? 아니다. 내적 이미지가 잘 갖추어진 외적인 아름다움이야말로 진정한 아름다움이라고 할 수 있겠다. 그러니까 외적 이미지보다는 내적 이미지가 훨씬 중요하다고 할 수 있다.

상대방을 평가하는 기준으로 외적 이미지를 중시하지만 그 외적 이미지를 가꾸어내는 것은 바로 내면적인 가치이다. 외적 이미지는 내면에서부터 생성되기 때문이다. 따라서 내면의 생각과 마음가짐이 무엇보다 중요하다.

③ 사회적 이미지

사회적 이미지는 개인의 본질과 현상이 대인관계에서 상대적 교류로 형성되어 서로의 관계성을 지니는 관계적인 이미지를 말한다. 이는 개인의 내적인 면과 외적인 면이 대인관계 시 표현되고 형성되는 것을 의미한다. 개인 이미지의 관점으로 볼 때, 대인관계란 여러 사람 간의 오고 가는 정서적, 물리적 교류를 의미한다. 이러한 의미에서 대인관계는 교류 경영이라고 할 수 있다.

사회적 이미지는 직업과 사회 및 문화 등에 의한 사회적 환경, 대화 수준과 유머 및 의사소통 수준 등의 커뮤니케이션, 예절과 배려 등의 매너와 에티켓, 인맥과 호감도 및 친밀성 등의 대인관계 수준에 의해 형성된다. 즉, 인간은 누구나 사회적인 존재이기 때문에 나와 타인의 관계 속에서 형성된다.

사회적 이미지 관리 요소는 호감도, 자기 이미지 분석, 대인관계 유형 분석, 자기 표현과 연기력 개발, 직업과 전문성, 전략과 친절 서비스, 비즈니스 매너와 에티켓, 이미지 커뮤니케이션, 이미지 프레젠테이션, 이미지 리더십으로 구성된다.

내적 이미지	심리적·정신적·정서적 특성이 이미지화된 것	심성, 생각, 습관, 욕구, 감정, 교육 수준, 가치관, 목표나 신념, 성격, 신뢰감, 이상향 등
외적 이미지	내적 이미지가 외부로 표현된 현상	• **외모적 이미지** 메이크업, 헤어스타일, 복장 등 • **행동적 이미지** 자세, 태도, 걸음걸이 등 • **언어적 이미지** 말투, 목소리, 말의 속도 등
사회적 이미지	대인관계에서 상대적 교류로 형성되어 서로의 관계성을 지니는 관계적인 이미지	사회적 환경, 대화 수준과 유머, 의사소통 수준, 예절과 배려, 인맥과 호감도, 친밀성 등

이미지의 유형 분류

4 이미지의 특성

이미지를 관리하기 위해서는 비용과 시간을 투자해야 한다. 그럼에도 불구하고 예기하지 못한 돌발 이슈 하나로 한순간에 무너질 수 있는 것이 이미지이기도 하다. 어찌 보면 가장 비경제적일 수 있는 이 같은 이미지 관리에 오늘도 많은 기업과 조직이 지속적인 관심을 기울이고 투자를 하고 있다. 이러한 이미지는 다음과 같은 특성을 가지고 있다.

첫째, 주관적이다. 자기 자신이 그렇게 판단하는 것이다. 이미지 형성에 있어 주관성이 강하다는 것은 이성보다는 감성, 논리성보다는 비논리성이 개입될 가능성이 크다는 것을 의미한다.

둘째, 이미지와 실체가 반드시 일치하는 것은 아니다. 겉모습과 속마음은 일치하지 않는다.

셋째, 타인과의 관계에서 가장 직접적인 영향을 미친다. 인간은 누구나 사회적인 존재이기 때문에 나와 타인의 관계, 즉 대인관계 속에서 형성되고 자신이 소속된 사회와 문화를 반영한다.

넷째, 제품 선택이나 구매 행위 등에 영향을 미친다. 제품의 이미지가 나쁜데도 구매하지는 않을 것이다. 막연한 인식의 개념에 머물지 않고 소비자들이 어떤 조직이나 상품 등 대상에 대해 가지고 있는 이미지가 소비자 행동으로 표출된다.

다섯째, 이미지 관리는 오랜 시간과 비용 투자가 필요하다. 이미지는 주관적 지식이자 신념과 인상의 집합이기 때문에 순간적으로 만들어질 수도 있지만 대개는 많은 인적, 물적 자원을 투자해야 한다.

여섯째, 돌발 이슈로 순식간에 무너질 수 있다. 이미지를 새로 구축하거나 바꾸어 나가는 데는 많은 시간과 노력이 필요하다. 이렇게 장기간에 걸쳐 어렵게 쌓아온 이미지도 부정적인 돌발 이슈 하나로 일순간에 훼손될 수 있다(별빛 효과: 이미지는 긍정적인 이미지와 부정적인 이미지가 있는데, 부정적 이미지를 만드는 부정적 소식은 좋은 소식에 비해 빠르게 확산될 뿐만 아니라 오래 남는다).

5 이미지의 예

성공한 사람들의 이미지

성공한 사람들은 자신이 할 수 없는 일에 집착하거나 외부의 힘에 반응하지 않고 할 수 있는 일에 집중하며 자신의 선택과 결과에 책임을 진다. 또한, 자신이 어디로 향하고 있는지 알기 위해서 전반적인 인생 목표를 포함해 최종 목표를 정한다.

세계적으로 성공한 사람들의 이미지를 살펴보자. 미국의 42~43대(1993~2001) 대통령을 지낸 빌 클린턴(Bill Clinton)은 정치가로서뿐만 아니라 캐주얼 복장으로 색소폰을 연주하는 모습도 많이 떠올리게 되는 인물이다.

미국의 35대(1961~1963) 대통령을 지낸 존 F. 케네디(John F. Kennedy)는 시각적 이미지의 대명사로 통한다. 그는 뉴 프런티어(New Frontier) 정신으로 대표되는 젊고 도전적인 이미지를 갖추었다.

빌 게이츠(Bill Gates)는 이제는 일선에서 물러나 은퇴하고 제2의 인생을 살고 있지만, 20세기 후반과 21세기 초 정보 기술 시대를 선도해 온 마이크로소프트사의 창업자이다. 빌 게이츠가 한 유명한 말이 있다. "가난하게 태어난 것은 당신의 실수가 아니지만, 죽을 때도 가난한 것은 당신의 실수이다." 여기서 빌 게이츠에게서 풍기는 이미지는 '황금의 블랙 슈트', 이 한마디로 표현할 수 있겠다.

2000년대 초 일본 총리를 지낸 고이즈미는 '카리스마'라는 이미지로 표현하는 것이 아주 적절할 것이다.

클린턴   케네디   빌 게이츠   고이즈미

성공한 사람들의 이미지

대학생 눈에 비친 기업 이미지

대학생 눈에 비친 기업 이미지를 살펴보자. 이미지를 다른 말로 표현하면 우리는 '색깔'이라고도 할 수 있는데, 그래서 기업의 이미지를 기업의 색깔, 팀의 이미지를 팀컬러라고도 한다. 대학생 눈에 비친 기업 이미지를 살펴보자.

먼저 삼성은 30대 초반의 지적인 남성 이미지에 공감이 갈 것이다. 현대자동차는 진취적이고 강인한 도시 남성 이미지인데, 아마 자동차라는 것 자체만으로도 이런 이미지를 풍기는 것이 아닌가 한다. SK는 유행에 민감한 20대 중반 여성의 이미지라고 느끼는 사람이 많다. LG는 대중적이고 포근한 남성 이미지이고, 롯데는 보수적이면서도 여성스러움의 이미지인데 이는 롯데가 백화점 등 유통 분야가 많아서 그런 것이 아닌가 생각한다. 포스코는 역시 철강 그룹답게 강인한 40대 남성 이미지로 인식되고 있다.

이렇듯 각 기업들도 사람들의 눈에는 각각 특색 있는 이미지가 자리하고 있다.

삼성

30대 초반의 지적 남성
- 둥근 얼굴을 가진 남성, 보통 체형, 세련된 정장 차림 연구 개발직
- 지적, 권위적, 냉정

현대자동차

진취적이고 강인한 도시 남성
- 근육질 체형과 사각형 얼굴, 30대 초반 전문 기술직 남성
- 진취적, 도시적, 강인함

SK

유행에 민감한 20대 중반 여성
- 둥근 얼굴, 캐주얼, 20대 중후반 판매 서비스직 여성
- 세련됨, 유행에 민감, 대중적

LG

대중적이고 친근한 남성
- 보통 체형 30대 남성, 캐주얼 차림의 친근한 연구 개발직
- 유행에 민감, 대중적, 친근함

롯데

보수적이면서도 여성스러움
- 마른 체형, 세련된 정장 입은 20대 후반 판매 서비스직 여성
- 대중적, 여성스러움, 보수적

포스코

강인한 40대 남성
- 40대 근육질 체형 남성, 유행 타지 않는 정장, 전문 기술직
- 남성적, 투박함, 강인함

(자료: 취업포털 잡코리아)

퍼스널 이미지 커뮤니케이션

2. 이미지 관리

변화와 혁신이 질풍노도와 같은 시대에 우리는 어떤 것에 관심을 가지고 살펴야 하며, 또 어떤 대비를 해야 할 것인가? 물론 새로운 기술의 발전과 융합, 상호 연결이 초래하는 사회의 변화를 예의 주시하면서 능동적으로 수용하고 적응해 나가는 노력이 필요할 것이다. 그러나 보다 현명한 사람이라면 미래 사회에서 어떤 차별적인 경쟁력을 가지고 어느 분야에서 무엇을 해야 할지를 고민할 것이다.

이러한 고민을 하는 데 있어 눈여겨보아야 할 것 중 하나는 컴퓨터나 첨단 기계가 수행하기 쉽지 않은, 설사 대체 가능하더라도 가장 마지막 단계에 가서야 가능할 분야가 무엇인지에 대한 것이라고 할 수 있다. 우리는 이미 이미지와 불가분의 관계를 맺으며 살고 있다. 우리의 일상을 보자. 아침에 눈을 떠서 움직이다가 저녁에 잠자리에 들 때까지, 우리가 의식하지 못할 뿐이지 모두 이미지와 관련이 있다.

아침에 화장을 하고 무슨 옷을 입을까 고민을 하는 것은 스스로의 만족을 위한 것도 있겠지만 누군가 타인의 시선을 의식한 행동이다. 우리가 만일 아무도 없는 외딴섬에 떨어져 홀로 살아간다면, 굳이 남의 눈을 의식하는 행동은 하지 않을 것이다. 이처럼 이미지란 다른 사람의 눈, 관점에서 바라보는 것에서 시작한다.

우리의 의식 여부와 상관없이 우리는 이미 이미지 경쟁의 시대에 살고 있다. 조직이나 사회생활을 하면서 상대방으로부터 호감을 얻기 위해 우리가 노력한다면, 그것이 외모 관리에 의한 것이든 지적 활동에 의한 것이든지를 가리지 않고 모두 이미지 관리 노력이라고 할 수 있다.

이미지를 관리하는 이유는 이미지가 관념적이거나 추상적인 차원에 머물러 있지 않고 개인과 조직, 나아가 국가에 실질적이고 경제적인 이득을 가져오기 때문이다.

1 이미지 관리의 이해

이미지에는 긍정적 이미지와 부정적 이미지가 있는데, 나에게 부정적 이미지가 형성되어 있다면 어떻게 해야 할까? 아마도 부정적 이미지를 긍정적 이미지로 변화시키거나 최소한 중립적 수준으로 변화시켜야 한다. 그리고 이미지가 형성되어 있지 않다면, 새롭고 긍정적인 이미지를 만들어내야 한다.

또 호의적인 긍정적인 이미지를 구축했다면 어떻게 해야 할까? 그런 호의적이고 긍정적인 이미지를 지속적으로 유지·발전시켜 나아가야 한다. 그러기 위해서 적극적으로 이미지를 관리해야 한다.

이와 같은 일련의 행동들을 이미지 관리라고 한다.

이미지 관리란

이미지 관리란 한마디로 부정적인 이미지를 긍정적이거나 최소한 중립적인 수준으로 변화시키고, 새롭고 긍정적인 이미지를 창출하는 것을 말한다. 또한, 기왕에 수용자나 공중으로부터 일정 수준의 긍정적인 이미지를 형성해온 조직이나 개인이라면, 위기 등으로 인해 이미 쌓아온 이미지가 무너지거나 후퇴하지 않도록 하는 것도 이미지 관리의 영역에 속한다.

이미지 관리는 이제 정치인과 같이 특정 영역이나 계층에 종사하는 사람만의 일이 아닌 시대가 되었다. 예전에는 가수는 노래 잘하고, 운동선수는 운동 잘하고, 선생은 열심히 공부하고 잘 가르치는 것만으로도 인정을 받았다. 하지만 지금은 시대가 달라졌다. 맡아서 관리하는 분야의 전문성은 기본이고, 거기에 이미지 관리를 잘하는 사람이 성공 가도를 달릴 수 있는 시대가 되었다.

이미지는 개인은 물론 기업, 나아가 국가에 이르기까지 매우 중요하게 작용한다. 그렇다면 어떻게 해야 긍정적인 이미지를 만들고 유지할 수 있겠는가? 만일 이미지가 주어진 것이고 바꾸거나 조정의 여지가 전혀 없는 것이라면 이미지가 아무리 중요하다고 하더라도 어찌할 수 없을 것이다. 그러나 많은 전문가는 이미지는 관리(Management)가 가능하다고 주장한다. 이미지를 관리할 수 있다는 것은 우리의 노력 여하에 따라 얼마든지 이미지를 변화시킬 수 있음을 의미한다.

개인 이미지 관리

자기를 PR(Public Relations, 홍보)한다는 것은 자신의 이미지를 관리한다는 말과 같다고 볼 수 있다. 이제는 개인도 이미지가 경쟁력이 되는 시대가 되었다. 이렇다 보니 기업이나 조직뿐만 아니라 개인도 이미지 관리에 신경을 쓰고 있다. 외모 지상주의라는 사회적 비판에도 불구하고 성형외과가 계속 번창하고 있는 것은 남녀노소를 불문하고 좀 더 나은 이미지를 만들기 위한 욕망을 드러낸 것이라 하겠다.

개인이 이미지를 관리하는 가장 큰 목적은 상대방으로 하여금 호감을 갖도록 만드는 일이다. 상대에게 호감을 얻는다는 것은 사적인 감정을 뛰어넘어 커뮤니케이션 설득 능력 수준을 끌어올리는 것을 의미한다.

개인의 이미지는 외모, 목소리 등 태생적으로 타고난 것도 있지만, 지적인 소양을 비롯해 의상, 매너 등 후천적인 노력에 의해 개선될 여지가 있는 것도 많다. 개인의 이미지 관리는 기술적인 측면이 강조되는 이미지 메이킹과 더불어 PR 차원의 접근을 가미해 개선될 수 있다.

개인의 이미지 관리를 어떻게 하는 것이 효과적인지에 대해서는 대상과 목적에 따라 다를 수밖에 없다는 점에서 단순하게 언급하기 어렵다.

개인 이미지를 관리하기 위해서는 먼저 화장, 화술, 매너, 태도, 의복 등을 중심으로 나의 현재 이미지를 분석하는 것이 중요하다. 그리고 자신의 새로운 이미지를 창조하기 위해 의상이나 표정, 몸짓 등의 다양한 영역에서 개인의 문제점을 파악하고 분석해야 한다. 또한, 파악된 문제점을 개선하고 상황에 맞는 대화법, 의복 차림, 화장법 등을 적용하여 상대방으로 하여금 자신의 최적 이미지를 표현할 수 있는 능력을 길러야 한다.

조직/기업, 국가 이미지 관리

기업 이미지는 이미지의 개념을 기업 차원으로 확장한 것으로, 대상 기업에 대한 일반 소비자 대중이 마음속에 그리고 있는 심상을 말한다. 이는 다양한 소비자 집단에 의해 형성된 기업의 퍼스낼리티(Personality)로 여겨질 수 있다. 결과적으로 사람들이 한 기업에 대한 부정적 혹은 긍정적인 태도를 갖게 되는 것을 의미한다.

기업의 경우 평소 사회 대부분의 사람들로부터 긍정적인 이미지를 획득해 놓으면 위기 시에 특별한 위력을 발휘할 수 있다. 위기가 발생하면 보통의 기업은 매출 격감, 이미지 훼손 등 바로 직접적인 타격을 받는 데 비해 평소 긍정적인 이미지를 쌓아온 기업은 소비자들이 시간적인 여유를 주면서 해당 기업이 해명할 수 있는 기회를 주고 이에 귀를 기울여주기 때문이다.

이미지 관리의 범주를 더 확장하면 국가도 해당한다. 외국을 상대로 자국의 국가 이미지를 높이는 노력의 일환으로 선진 각국들이 근래 강조하고 있는 것 중 하나가 이미지 외교이다.

국가 이미지 관리의 개념을 보다 구체적으로 정의해 보면, 이미지 외교라는 관계 구축을 하는 것이다. 다른 국가, 문화, 국민의 필요를 이해하는 것, 우리의 관점을 전달하는 것, 오해를 바로잡고 공동의 명분을 발견할 수 있는 영역을 모색하는 것이다.

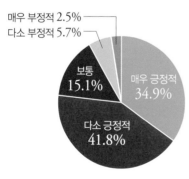

우리나라 국가 이미지
(출처: 문화체육관광부 해외문화홍보원
2019년 대한민국 국가 이미지 조사)

퍼스널 이미지 커뮤니케이션

국가 이미지는 한 국가의 경쟁력이자 국제 사회에서의 정치적 영향력의 수준을 의미한다. 많은 국가가 이미지 외교를 강조하면서 경쟁적으로 국가 이미지를 높이고 관리하는 일에 매달리고 있다.

2 이미지 관리의 중요성

개인 이미지 관리의 중요성

사회생활에서 대인관계를 하다 보면, 사람과 사람 사이에서 이미지가 형성되기 마련이다. A는 아주 과묵해, B는 수다스러워, C는 진실해 등이 그것이다. 이러한 이미지는 개인의 말과 행동에 따라 형성된다. 개인 이미지는 개인의 브랜드 자산이라고 할 수 있다. 누구나 가지고 있는 좀 더 나은 이미지를 만들기 위한 욕망 충족을 위해 개인 이미지를 관리한다. 나의 성격이나 특성을 분석하여 그에 적합한 이미지를 만들어주고 그러한 이미지를 꾸준히 간직하도록 노력해야 한다.

기업의 이미지 통합(CI, Corporate Identity)이 이미 경영의 중요 화두로 자리 잡은 데 이어 PI(Personal Identity)에 대한 관심도 날로 높아지고 있다. 이미지 관리는 연예인들이 인기 관리를 위해서 처음으로 도입하였다. 그렇지만 대중 앞에 모습을 나타내는 정치인들과 대기업의 CEO들이 자신의 이미지를 좋게 보이기 위해 관심을 가지기 시작하였다. 그러던 것이 경제적 악화로 취업문이 좁아지자 취업 준비생과 결혼을 앞둔 젊은 층 및 일반인들에까지 급속하게 퍼지고 있다.

정치인들은 이미지를 정치적 자산으로 여기며 관리 대상으로 삼고 있다. 표정과 목소리, 시선, 제스처, 패션, 무대 배경 등 비언어적 요소들은 개인에게 축적된 이미지와 결합하여 새로운 이미지를 창출하기두 하고, 때로는 언어적 메시지와 결합하여 언어적 메지시의 효과를 증대 또는 훼손하기도 한다.

이렇듯 개인 이미지 관리 시대에 우리나라에도 이른바 PI 컨설팅(개인 이미지 컨설팅)이 새로운 서비스 산업 분야로 발돋움하고 있으며, 일부 전문 기관들은 수요 계층에 맞춘 다양한 교육 프로그램들을 개발하여 제시하고 있다.

개인 이미지 관리가 중요한 이유는 이미지 관리를 통해 자신을 PR할 수 있으며, 타인으로부터 호감과 신뢰를 획득할 수 있기 때문이다. 또한 개인의 영향력이 확대되며, 이는 개인이 속한 조직에도 영향을 미치게 된다.

기업 이미지 관리의 중요성

현대 사회에서 기업의 이미지가 좋고 나쁨은 상품 판매에 직접·간접적으로 큰 영향을 미친다. 그래서 기업의 이미지는 기업의 자산이라고 할 수 있다. 그리고 이러한 기업의 이미지는 위기 상황에서 결정적인 위력을 발휘한다. 이것이 바로 기업 이미지 관리가 중요한 이유이다.

기업의 이미지는 고객(소비자)이 만드는 것이지만, 이를 위해 각 기업에서는 다양한 이미지 마케팅 전략을 구사한다. 또한, 상품 광고도 많이 하지만 기업의 이미지 광고도 많이 한다. 그만큼 이미지 마케팅에도 공을 들이고 있는데, 이러한 마케팅 전략에는 기업 이미지 광고, 이벤트 활용, 스폰서십(Sponsorship), CI 홍보, 기업 PR, 사회적 기부 등 여러 가지가 있다.

현대제철

롯데그룹

기업 광고

퍼스널 이미지 커뮤니케이션

나의 이미지를 평가해 보자

1. 우리는 일상생활에서 이미지라는 말을 많이 하고 들으면서 살아간다. 이렇듯 이미지라는 말이 자주 쓰이는 것은, 이미지가 그만큼 우리 생활에 깊숙이 자리매김하여 우리의 삶에 중요한 요소로 작용하고 있기 때문이다. 이러한 이미지의 특성에 대하여 서술해 보자.

2. 셀프 이미지Self-Iamge란 '나는 나 자신을 어떻게 생각하고 있는가'를 뜻한다. 우리나라 말로는 자아상自我像이라고 하는데, '나는 이런 사람이다.'라고 정의를 내릴 수 있다. 타인이 보는 나의 모습은 다를 수도 있다. 나는 나 자신을 어떻게 생각하는지 평가해 보자.

	그렇다	아니다
01. 나만의 스타일이 있다.	☐	☐
02. 옷을 구매할 때 계획 구매를 한다.	☐	☐
03. 나의 신체 치수를 정확히 알고 있다.	☐	☐
04. 나에게 어울리는 이미지를 잘 알고 있다.	☐	☐
05. 때와 장소, 상황에 따라 옷을 입을 수 있다.	☐	☐
06. 나의 매력을 30초 안에 5가지 이상 말할 수 있다.	☐	☐
07. 내 체형을 보완하는 패션 스타일을 잘 알고 있다.	☐	☐
08. 매너 있고 예의 바르다는 이야기를 자주 듣는다.	☐	☐
09. 나에게 어울리는 헤어스타일을 잘 알고 있다.	☐	☐
10. 탈모 예방을 위해 노력하고 있다.	☐	☐
11. 유머 감각이 있다.	☐	☐
12. 내면의 성향을 정확히 분석하고 있다.	☐	☐
13. 표정이 밝다는 이야기를 자주 듣는다.	☐	☐
14. 항상 허리를 쭉 펴고 바른 자세를 유지한다.	☐	☐
15. 나를 돋보이게 하는 색을 확실히 알고 있다.	☐	☐
16. 좋은 이미지를 위해 과감한 변신도 두렵지 않다.	☐	☐
17. 미래의 목표를 위해 하루 1시간 이상 투자한다.	☐	☐
18. 상대의 마음을 잘 파악하고 배려하려고 노력한다.	☐	☐
19. 이야기 소재가 풍부해서 어디에서나 적합한 대화를 한다.	☐	☐
20. 내가 말하는 것보다 상대방이 말하는 것을 많이 듣는 편이다.	☐	☐

Chapter 02

퍼스널 이미지 메이킹

1 이미지 메이킹의 이해

　현대는 급속도로 발전하는 과학 기술과 다양해지는 사회 구조상 대인관계가 더욱 중요시되고 있다. 이에 따라 개인의 이미지에 대한 인식과 연출은 매우 중요한 부분으로 자리 잡아가고 있다. 이러한 관점에서 자신이 남에게 시각적으로 보여지는 이미지와 이의 개선을 위한 이미지 메이킹이 곧 개인의 경쟁력으로 통하는 시대라고 할 수 있다.

　인간은 사회적 동물로서 타인이 자신을 보는(타인에게 보여지는) 이미지가 긍정적으로 인식되고 평가되기를 바란다. 그리고 대체로 자신이 생각하는 자신의 이미지와 타인이 바라보는 자신의 이미지가 동일하게 비추어지면서 자신이 스스로 긍정적으로 인식되는 모습일 때 만족감을 느낀다.

　자신을 알리고 자신의 이미지를 각인시키기 위해서는 외모나 태도뿐만 아니라 표정, 스타일, 향기, 목소리 등을 통해 의식적이든 무의식적이든 타인에게 메시지를 전달해야 한다. 이러한 메시지는 오감을 통해 전달되는데, 이러한 감각 기능은 메시지를 받고 교환하는 동안 긍정적 또는 부정적 이미지를 형성하게 된다.

　이미지 메이킹은 포장술이나 위장술이 아니다. 바람직한 내면의 변화로 이루어지는 외면의 변화이다. 자신의 모습을 한꺼번에 바꾸는 것은 어렵지만, 다른 사람에게 보여지는 모습이 긍정적인 방향으로 바뀌면 자신감이 생기고, 활력이 넘치며 건강해진다. 이와 같은 시도는 오래전부터 이루어져 왔으며 최근에는 정치인, 연예인, 경영인은 물론 일반인들 사이에서도 더욱 활발하게 이루어지고 있다.

　나만의 이미지를 찾아야 할 때이다. 치열한 경쟁 사회 속에서 나만의 스타일을 찾아서 가꾸고 변화시켜 좀 더 나은 미래를 개척하면서 자신의 가치를 높여 보자.

1 이미지 메이킹이란

이미지 메이킹의 개념

개인과 사회, 국가에 이르기까지 이미지 메이킹의 영향력은 점차 확대되고 있으며, 모든 분야에서 트렌드로 자리 잡아가고 있다. 진정한 이미지 메이킹은 시대가 요구하는 미의식과 가치관이 자신의 외적, 내적 모습에 반영될 때 그 영향력을 발휘한다. 이미지 메이킹은 개인적 호감도를 높일 뿐만 아니라 직무와 개성을 표현하는 최적의 기법이기 때문이다.

이미지 메이킹이란 무엇인가? 이미지 메이킹(Image Making)이란 자신의 이미지를 상대방 또는 일반인에게 각인시키는 일을 말한다. 사람이나 사물의 이미지를 만들고, 향상시키고, 바꾸고 개선시켜서 이상적인 이미지를 만드는 모든 행위를 이미지 메이킹이라고 한다. 자신을 상황에 따라 전혀 다른 사람으로 만드는 것이 아니라 자신답게 표현하면서도 능력이나 호감도를 높일 수 있는 모습으로 만드는 것이다. 자신의 고유한 느낌을 살려 가장 효과적인 방법으로 자기 가치를 최고로 표현하여 성공하도록 돕는 과정이고, 자신을 정확히 파악하고 자신의 직업이나 신분, 맡은 역할에 맞는 자신을 만드는 것이다.

이미지 메이킹은 한마디로 말해 자신의 가치를 높이는 일이라고 할 수 있다. 그런데 우리는 외모를 가꾸는 것만을 이미지 메이킹이라고 착각하기도 한다. 외적인 이미지만을 가꾸려면 성형이나 다이어트로도 충분히 외모를 관리할 수 있을 것이다. 하지만 그런 외적인 외모 관리가 아니라 내적 이미지를 외적 이미지와 함께 조화시키는 것, 즉 총체적인 자신의 토탈 이미지를 만들어나가는 것이 바로 이미지 메이킹의 핵심이라고 할 수 있다.

이미지 메이킹은 자신의 본질을 바탕으로 상황에 어울리는 최상의 이미지를 만들어가는 의도적인 변화 과정으로, 자신의 외적 이미지를 강화하여 내적 이미지를 긍정적으로 한 차원 높은 곳으로 끌어올리는 시너지 효과라고 할 수 있다. 즉, 자신에게 온 기회를 놓치지 않으며, 매력과 신뢰를 갖추기 위한 모든 노력이라고 할 수 있다.

이미지 메이킹의 본질

이미지는 외모, 행동, 표정, 태도, 언어가 복합적으로 결합되어 있는데, 이런 것들이 모여서 한 사람을 표현한다. 그 사람의 사회적 지위와 역할에 맞게 이미지 변화를 통해서 최상의 이미지를 만들어가는 과정이 이미지 메이킹이다. 즉, 이미지 메이킹은 이미지를 통합적으로 관리하는 행위를 말한다.

가장 강력하며 소중하고 가치 있는 것은

형태도 없고 눈에 보이지도 않는다.

누구도 그것을 빼앗을 수는 없다.

바로, 자기 자신만이 다른 사람에게 줄 수 있을 뿐이다.

더 많이 나누어줄수록 더 많은 것을 갖게 된다.

- 클레멘트 스톤(William Clement Stone) -

클레멘트 스톤의 말에서 '가장 강력하며 소중하고 가치 있는 것'은 바로 자신의 내

무한 경쟁의 시대에 긍정적 이미지상을 구축하려 노력하는 사람들

적 이미지이다. 자신의 긍정적인 마인드, 마음가짐 또는 자신감 등이 외면으로 표출되어서 좋은 표정 그리고 당당한 제스처, 자신감 있는 행동 등의 외적인 모습을 만드는 것이다.

이미지 메이킹은 상대방에게 호감을 줄 수 있도록 자신의 외형은 물론 마음까지 바꾸어가는 과정이며, 이러한 과정은 자신의 개성과 본질을 바탕으로 이루어져야 최상의 이미지가 형성된다. 따라서 이미지 메이킹은 겉만 그럴듯하게 치장하는 허세술도 아니고 포장만 하는 위장술도 아니다.

이미지 메이킹의 본질은 자신의 '참 자아'를 찾아가는 과정이다. 즉, '나다운 나'를 찾아서 만드는 과정이다. 자신의 참 자아를 제대로 알지 못하면, 자신에 대한 부정적인 이미지를 가지게 된다. 이는 타인에게 보이는 자신의 모습이 투영되기 때문이다. 자기 자신에 대해 객관적으로 분석하고, 자신이 남들에게 어떻게 보이는지 분별하여, 나는 상대방에게 '이런 사람이고 싶다'라는 것을 보이지 않는 언어 이미지로 어필해야 한다.

 TIP 이미지 메이킹의 몇 가지 개념 정리

1. 개인이 추구하는 목표를 이루기 위해 자기 이미지를 통합적으로 관리하는 행위이다.
2. 자신이 속한 사회적 지위에 맞게 내적 이미지와 외적 이미지를 최상의 모습으로 만들어가는 것으로, 자기 향상을 위한 개인의 노력을 통칭한다.
3. 외모를 개선하여 내면의 자신감을 표출하는 것으로, 외적 이미지를 강화해서 긍정적인 내적 이미지를 끌어내는 시너지 효과를 일으키는 것이다.
4. 겉만 치장하는 것이 아니고 자신의 본질과 내면의 능력, 장점 등을 훌륭하게 표현하는 일이다.
5. 주관적 자아상과 객관적 자아상의 인식 차이를 축소하거나 제거하여 객관적인 자아상을 확보하는 일이다.
6. 자신의 이미지를 상대방 또는 일반인에게 각인시키는 일이다.

2 ▐ 이미지 메이킹의 가치

이미지에는 자신의 실체가 자연스럽게 묻어나야 한다. 따라서 자신에 대한 정확한 통찰이 무엇보다도 선행되어야 하며, 외형적인 요소뿐 아니라 내면적인 요소 또한 고려되어야 한다. 특정 모델을 선정하는 것은 자신의 개성을 훼손하므로 지양한다.

대학(大學)에 나오는 '수신제가치국평천하(修身齊家治國平天下)'는 '자기를 먼저 닦고 집안을 정제한 다음에 나라를 다스리고 천하를 평정한다.'라는 의미이다. 이는 이미지 메이킹의 개념과도 맥락이 비슷하다.

이미지 메이킹은 참 자아를 발견하고, 객관적 자아상을 확보하며 이상적 자아를 추구하는 것이다. 지극히 주관적인 이미지를 다양한 이미지 메이킹 과정을 통해 객관적 이미지로 바꾸어가는 것이다.

참 자아 발견

참 자아란 자신만이 가지고 있는 개성과 독특성을 의미한다. 오늘날 참 자아를 잃어버리고 거짓으로 자신을 꾸미며 거짓 자아로 살아가는 사람이 많다. 이미지 메이킹은 진정으로 '나다운 나'를 찾는 정체성의 확립이다.

참 자아 발견으로 진짜 자신의 모습인 참 자아와 잘못 인식하고 있는 왜곡된 자아의 인식 차이를 축소하거나 제거하는 것이다. '나는 누구인가?'라는 질문과 함께 자아 정체성과 자아 존중감을 찾고 현실적인 자기의 모습을 건강하게 바로 세우는 것이다. 또한 자신의 나이와 성별, 직업, 소속된 조직에 자신의 신분과 직위에 맞는 역할과 의무를 알고 지키는 것이다.

인간의 참 자아는 자기 나름의 개성과 가치를 가지고 있기 때문에 우월하다거나 열등하다고 평가할 수는 없다. 그러나 이것을 바로 알지 못하면 자신에 대해 왜곡되거나 부정적인 이미지를 가지게 되고, 이로 인해 자신이 처한 환경에 제대로 적응하지 못하게 된다.

또한, 참 자아를 찾는다는 것은 '내 나이와 신분에 맞는 나의 역할은 무엇인가? 내가 하고 싶은 것과 잘할 수 있는 것은 무엇인가?'를 생각하고 인식하는 것이다.

객관적 자아상 확보

인간은 자신이 보는 나(주관적 자아상)와 타인이 보는 나(객관적 자아상)의 차이를 인식하지 못하는 경우가 많다. 객관적 자아상 확보란 주관적 자아상과 객관적 자아상의 차이를 제거하여 일치시키는 것이다.

객관적 자아상과 자기가 생각하는 주관적 자아상에 차이가 생긴다면 늘 오해가 발생하기 쉽다. 자신은 친절하고 따뜻하다고 생각하는데, 함께 지내는 가족이나 직장 동료들이 반대로 생각한다면 그 관계는 원만하지 못할 것이 뻔하다. 그것은 자신의 참 자아를 제대로 파악하지 못했거나 자신의 참모습을 객관적으로 보지 못하는 데서 비롯된다.

이미지 메이킹에서는 객관적인 자아를 발견하여 오해 없이 자신을 연출할 수 있는 능력을 높이는 것을 중요시한다. 오해를 줄이는 것은 소통 능력을 높이는 것으로, 이는 가정과 직장을 화평하게 하는 원동력이 된다.

이상적 자아상 추구

이상적 자아상이란 '자신이 어떤 사람이 되었으면 좋겠다.'라고 하는 것이다. 이상적 자아상 추구는 현실적 자아 상태를 이상적 자아 상태로 끌어올리는 일이다. 무한 경쟁 사회에서의 생존과 자기 성취를 위해서는 자신의 특성과 진가를 신분과 역할에 맞도록 브랜드화해야 한다.

인간은 자신의 신분과 역할에 어울리는 최상의 이미지가 무엇인가에는 관심이 있지만 구체적으로 설정하고 그리는 사람은 그리 많지 않다. 이상적 자아상은 자신의 목표와 비전과 연관시켜서 그리게 된다.

3 이미지 메이킹의 발생 배경

사회·문화적 가치관의 변화

이미지 메이킹의 발생 배경은 첫 번째로 미에 대한 사회·문화적 가치관의 변화를 들 수 있다. 이를 여성과 남성으로 구분해서 살펴보도록 한다.

먼저 여성의 경우에는 외모 관리가 상당히 중요하게 나타나게 되었다. 하지만 과거에는 타고난 외모, 원래부터 가진 미모가 중요하다는 생각이 팽배했었다. 그런데 요즈음은 성형이나 다이어트를 통해 외모는 타고난 외모가 아니라 얼마든지 가꾸고 만들어가면서 성취할 수 있는 외모라는 생각이 앞서고 있다. 그렇기 때문에 이미지 메이킹이 더욱더 중요하게 자리매김하고 있다.

예를 들어 조선 시대에는 우리 머리카락은 자르면 큰일 날 정도로 부모님이 물려주신 몸은 절대로 손을 대면 안되는 것이었다. 부모님이 물려주신 몸에 손을 대는 것은 금기시되고 굉장히 부정적으로 생각했는데, 요즈음은 자신의 가치를 발전시키기 위해서 얼마든지 더 다듬고 가꾸어서 변형해나갈 수 있게 되었다.

남성의 경우 예전에는 무조건 능력이 있어야 했다. 그런데 요즈음은 남자도 매력이 있어야 하는 시대이다. 그리고 남성을 생각할 때 역삼각형 실루엣, 탄탄한 몸매, 근육질의 몸매를 생각했었다. 그런데 이제는 이런 고정관념에서 벗어나서 매력을 갖추고 곱상한 여성스러운 외모를 갖춘 남성들이 인기를 끌고 있다. 요즈음 꽃미남이나 아이돌 같은 사람들이 인기를 끌고 있는 것이 이런 이유이다.

우리는 이와 같은 현상으로 보아 미에 대한 사회·문화적인 가치관이 변화하기 때문에 이미지 메이킹이 더욱 부각되고 있다는 것을 알 수 있다.

매스 미디어의 영향

이미지 메이킹의 발생 배경의 두 번째는 매스 미디어의 영향을 들 수 있다.

TV만 켜면 패션, 뷰티, 다이어트, 심지어 성형을 해주는 프로그램까지 아주 외적인 것에 대한 내용이 봇물처럼 쏟아져 나오고 있다. 이러한 매스 미디어를 통해서 현대 사회에서 이상적으로 생각하는 외모와 이상적인 이미지가 어떤 것인지 인식하게 된다. 그리고 이를 통해 우리는 '이미지 메이킹이 더욱더 중요해지는구나, 현실적으로 불가능해 보이는 아름다운 몸매, 아름다운 외모, 나도 노력해서 저렇게 해야겠다.'라는 생각을 하게 됨으로써 이미지 메이킹이 더욱 관심을 끌고 있다.

영상 미디어는 현실보다 더 아름답고 커뮤니케이션의 공감 능력이 뛰어난 미디어 매체이다. 스토리텔링, 가상 현실, 3D를 포함하여 설득의 극대화가 이루어진다. 시각과 청각을 동시에 인지하기 때문에 설득력과 공감 능력이 뛰어나 소비자에게 도달률을 높이고 태도 변화를 일으켜 구매 행동으로 연결된다. 따라서 영상 매체의 대중화는 대중이 이미지 메이킹을 유발하기에 충분하다.

역할의 다양화

이미지 메이킹의 발생 배경의 세 번째는 역할의 다양화라 할 수 있다.

남녀노소 교육 수준이 높아지면서 남자와 여자의 직업도 정말 다양해지고 있으며, 그 직업에 맞는 패션 이미지를 연출할 필요가 있게 되었다. 그리고 일을 할 때는 일을 하고, 쉴 때는 쉬고, 여가는 제대로 즐기는 라이프 스타일을 선호하는 시대로 변하고 있다. 그렇기 때문에 일을 할 때와 등산을 할 때 혹은 데이트를 할 때 각자 따로따로 맞는 옷차림과 이미지를 연출해야 하므로 이미지 메이킹이 필요할 수밖에 없다.

육체적, 정신적으로 초인적인 능력을 가진 여자, 집안일과 직장 일을 모두 잘하는 여자를 슈퍼우먼(Superwoman)이라고 하는데, 슈퍼우먼은 이떤가? 슈퍼우먼 신드롬이란 말이 있듯이 이들은 회사 업무와 집안일을 모두 잘해 내려고 지나치게 신경을 쓰는 데서 오는 육체적 피로와 스트레스는 이루 말할 수 없다. 낮에는 일하고 저녁에 집에 돌아와서는 한 아이의 엄마로서, 한 남편의 아내로서 다양한 역할을 소화해내야 한다. 이렇듯 역할의 다양화는 이미지 메이킹을 끌어들이게 되었다.

4 이미지 메이킹의 필요성과 중요성

이미지 메이킹의 필요성

자신의 이미지를 많은 다른 사람에게 호감이 가도록 메이킹하여 변화시키는 것은 사회생활과 인간관계를 성공적으로 이끌어가기를 원하는 모든 사람에게 매우 중요한 일이다. 특히 현대 사회에서 이미지의 영향력은 엄청나다. 방송, 광고, 영화, 개인 PR 등 시각적 이미지를 잘 활용하는 사람이 설득력 있는 메시지를 전달할 줄 아는 사람으로 인정받는 시대가 되었기 때문이다.

이미지 메이킹은 연예인이나 정치인 등 특정인들만 하는 것이 아닌 시대이다. 개성이 존중되는 개인 중심 시대에 삶의 질을 추구하는 현대인 모두에게 필요한 도구이다. 외적 이미지 개선이 이루어지면 심리적으로 시너지가 발생하여 자신감도 증폭되기 때문이다.

바로 이런 부분에서 이미지 메이킹이 필요한 이유는, 사회는 많은 유기 조직체의 현장이고 직장은 조직의 현실과 실체를 전달하기 때문이다. 또한, 외모에 대한 사회적 관심이 높아지고, 이미지 개선으로 자신 있고 성공적인 사회생활이 가능하며, 자신감 회복으로 정신적 만족감이 극대화되기 때문이다.

이미지 메이킹(Image Making)이 현재 진행형으로 표현되는 이유는 완벽하지 못한 존재인 우리는 어제보다 더 나은 오늘, 오늘보다 더 나은 내일을 위해 죽을 때까지 자기를 관리해나가야 한다는 뜻이다. 평생 학습이 중요하듯이 평생 자기의 이미지를 관리하는 것은 보다 행복하고 아름다운 인생을 위해 필요하기 때문이다.

이미지 메이킹의 중요성

만약 소개팅에 나갔는데 상대방이 간편한 트레이닝복에 슬리퍼를 신고 나왔다면, 여러분은 어떤 생각이 들겠는가? 아무리 예쁘고 잘생긴 사람이 앞에 앉아 있다고 해도 일단 불쾌한 기분이 들 것이다. 소개팅에 이런 복장을 하고 나왔다는 것은 이 자리를 별로 중요하게 생각하지 않는다는 뜻이기도 하고, 상대방을 무시하는 태도로 비추어지기 때문이다.

이렇게 사회생활에서의 옷차림은 종종 기본 매너 사항으로 여겨진다. 타고난 얼굴은 어쩔 수 없다고 하지만, 옷차림은 마음먹기에 따라 얼마든지 바꿀 수 있으니 인간관계와 매너에서는 더욱 중요하게 여겨지는 것이다.

그중에서도 비즈니스 상황에서 옷차림의 중요성은 두말할 나위가 없다. 상대방이 나를 신뢰하게 하고, 나를 전문적인 사람으로 생각하게 하려면, 그러한 상황에 맞는 옷차림을 해야 하는 것은 기본이다. 옷차림 하나만으로도 전혀 다른 이미지를 보여줄 수 있다.

이미지 메이킹은 곧 개인의 경쟁력이다. 치열한 경쟁 사회에서 살아남기 위한 개인의 전략적 가치이다. 나다운 나를 찾음으로써 자신의 본질과 장점을 표현하여 개인의 행복과 삶의 질을 향상시키는 데 큰 기여를 한다.

이미지 메이킹이 중요한 하나의 이유는 개인의 대인관계와 밀접한 관련이 있기 때문이다. 더불어 살아가는 사회 구조 속에서 바람직한 대인관계는 개인의 만족과 삶의 질을 향상시키는 데 직접적으로 기여하기 때문에 중요하다고 할 수 있다. 이는 직장에서 구성원에게 요구되는 능력 중 하나이며, 직장인으로서의 자기 성취나 생산성으로 연결되기도 한다.

인간은 자신의 신분과 역할에 어울리는 최상의 이미지를 알지 못하는 경우가 많은데, 지금과 같은 경쟁 사회에서 생존과 자기 성취를 위해서는 스스로의 진가와 특성을 신분과 역할에 최적화된 형태로 브랜드화해야 한다. 그렇지 않으면 자신의 가치를 충분히 평가받지 못한다.

이미지 메이킹의 중요성이 날로 증가함에 따라 이와 관련된 사업도 늘어날 정도로 현대 사회에서 이미지가 중요한 요소가 되고 있다. 어떤 목적의 달성이 이미지에 의해 좌우되기 때문에 좋은 이미지를 갖추는 사람이 성공의 기회를 가져올 가능성이 높다. 사회에서는 물론 업무 능력이 가장 중요하지만 자신의 이미지를 잘 관리하면서 인간관계를 맺어가는 노력 또한 업무 능력 못지않게 중요하다.

 **정보마당**

현실 속의 이미지 파워

이미지 메이킹이 과거에는 정치인이나 연예인들의 전유물로 여겨졌지만, 최근에는 기업이나 개인도 자신의 가치를 높이기 위해 고유한 이미지를 만들어가는 추세이다. 자신의 이미지 파워를 키워나가기 위해 시간과 노력을 아끼지 않고 있다. 이미지의 영향력이 우리 개인의 행동과 사회 문화를 형성할 만큼 막강해졌다. 이미지 파워가 곧 경쟁력으로 통하는 현실에서, 이미지 파워는 자신을 지탱해 주는 원동력이기 때문이다.

이미지는 머릿속에서 순식간에 일어나는 현상인데, 이러한 현상의 집합체가 지닌 힘을 바로 이미지 파워(Image Power)라고 한다. 이미지 파워는 현대 사회에서 우리 삶의 전반에서 그 영향력을 발휘한다. 따라서 우리는 대인관계에서 긍정적 이미지를 더 강하게 어필하여 경쟁력을 높이기 위해 노력해야 하는 현실이다. 그러기 위해서 자신의 개성을 살리고 강점을 최대한 부각시키기 위한 이미지 메이킹이 필요하다. 그리고 이렇게 형성된 긍정적 이미지는 지속적으로 관리하여 유지·발전시켜야 한다.

그런데 여기에서 지향하는 이미지는 자신의 본질을 잘 나타내고자 하는 것이지 치부를 덮어서 겉만 보기 좋게 포장하자는 것은 결코 아니다. 의식부터 차츰 변화시켜 자신의 내면에 숨겨져 있는 아름다움과 잠재 능력을 드러내어 호감을 주는 최상의 모습으로 보이고, 가장 겸손한 매너로 행동함으로써 나의 이미지 파워를 세상에 알리자는 것이다.

이미지란 사회라는 거울 속에 비추어지는 우리의 상이다. 우리가 원하든 원하지 않든 이미지는 항상 보여지고 있다. 이러한 한 사람의 이미지는 그의 현재와 미래를 보여준다. 자신이 지향하는 목표가 뚜렷하다면 먼저 자신의 이미지부터 만들어야 한다.

2 성공적인 이미지 메이킹을 위해

밝은 미소와 매력적인 목소리, 친절하고 당당한 태도는 누구에게나 호감 가는 인상을 주기 쉽다. 호감형 이미지는 자기 마케팅에서 빠질 수 없는 요소이며, 취업, 소개팅 등 우리 삶의 많은 순간에서 긍정적인 영향을 끼친다. 하지만 추상적인 개념인 이미지를 명료하게 정의하기도 어렵고, 좋은 이미지를 만들어가는 것도 쉬운 일은 아니다.

사람마다 각각 다른 외모와 성격을 바탕으로, 개개인이 추구하는 삶의 목표를 달성할 수 있도록 자기 이미지를 관리하고 자기 향상을 위해 노력하여 상황에 맞게 개인의 능력이나 호감도를 높일 필요가 있다. 현대 사회는 라이프 스타일이 개성 있게 변하고 있으며, SNS를 통해 새로운 사람들과의 커뮤니케이션(Communication)이 많이 이루어지고 있다. 사람들과의 원활한 커뮤니케이션을 위해서는 자기 이미지를 관리하고 표현할 수 있는 능력이 필요하다.

이미지는 한번 형성이 되면 실체가 없어진다 하더라도 이후의 행동들을 지배하게 되며 선택 기준의 기능을 하기도 한다. 또한, 객관적인 사실에 대한 주관적 영상이기 때문에 바람직한 이미지를 향한 가치의 문제를 수반하고 있다. 세상의 많은 부분이 이미지 지향적이며, 사회라는 거울은 우리가 누군가에 대한 자아의식 형성에 막대한 영향을 끼치고 있다.

이미지 메이킹은 전체적인 이미지를 진단하여 상황에 맞는 이미지로 만들어가는 일련의 과정이다. 이미지 메이킹을 통하여 자신만의 경쟁력을 갖추어 보자. 그리고 자기 관리와 이상적인 이미지로의 변화를 일으켜 실생활에 직·간접적인 긍정 효과를 향상시켜 보자.

Chap 02

053

1 이미지 메이킹의 과정

이미지 메이킹의 첫 번째 과정은 이미지를 진단하는 과정이다. 우선 현재 자신의 모습을 아는 것에서부터 시작한다. 나의 현재 이미지가 어떤 이미지인지, 나의 성격은 어떤 성향을 가지고 있는지를 파악해야 한다. 나의 체형과 얼굴형 및 퍼스널 컬러를 분석하고, 라이프 스타일을 파악하는 것이다. 그리고 나의 현재 상황과 역할 등 다양한 요소를 진단해서 목표 이미지를 설정하는 단계이다.

이미지 진단이 끝났으면 나의 다양한 상황에 맞는 이미지로 개선해야 한다. 먼저 비주얼 이미지를 개선하고 패션, 메이크업, 헤어스타일, 액세서리 연출, 인상 및 자세까지 이미지 향상을 위한 노력이 필요하다.

이미지 개선이 이루어지면 개선된 이미지를 관리해야 한다. 개선된 이미지가 목표 이미지에 도달했는지 혹은 다른 사람들의 피드백을 통해서 그 이미지가 정말 나에게 잘 맞는 이미지인지, 다른 사람에게 좋은 모습으로 비추어지는 이미지인지 확인한다. 그리고 이미지 개선이 잘되었다고 판단이 되면 계속해서 이미지를 유지하고 관리해가는 과정이 필요하다.

이미지 메이킹은 이미지 진단, 개선, 관리의 세 과정을 통해 이루어진다.

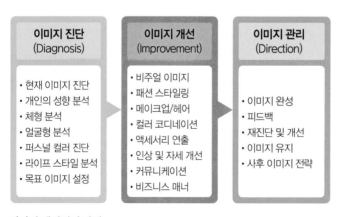

이미지 메이킹의 과정

퍼스널 이미지 커뮤니케이션

나의 이미지 진단

기준		체크할 내용	Yes	No
내적 이미지	성격	끈기가 있는가?		
		노력하는 사람인가?		
		대인관계가 원만한가?		
		상대방 칭찬을 잘하는가?		
		타인을 잘 이해하려고 하는가?		
	가치관	닮고 싶은 이미지 모델이 있는가?		
		긍정적인 사고방식을 가지고 있는가?		
		인생의 뚜렷한 목표를 가지고 있는가?		
		스스로가 가치 있는 사람이라고 생각하는가?		
외적 이미지	표정	첫인상이 좋다는 말을 자주 듣는가?		
		평상시 표정이 밝고 잘 웃는 편인가?		
		처음 만나는 사람에게 표정을 주로 짓는 편인가?		
		평상시 손짓, 눈짓 등의 비언어적 제스처를 사용하는가?		
	외모	TPO에 맞는 옷차림을 하는가?		
		옷을 센스 있게 잘 입는다는 소리를 듣는가?		
		메이크업을 과장되지 않게 잘하는 편인가?		
		얼굴에 잘 어울리는 헤어스타일을 하는가?		
	자세	선 자세는 구부정하지 않고 반듯한가?		
		앉는 자세는 자연스럽고 예의 바른가?		
		걷는 자세는 바르고 자신감이 있는가?		
	태도	남을 잘 배려하는가?		
		상대방에게 먼저 인사하는 편인가?		
		인사를 할 때 진심으로 마음을 담아서 하는가?		
	말투	말할 때 발음이 정확한가?		
		대화할 때 상대방의 눈을 바라보면서 하는가?		
		대화할 때 상대방의 말을 경청하는 편인가?		

2 효율적인 이미지 메이킹

이미지 메이킹 시 고려 요소

내적 이미지와 외적 이미지가 합쳐져서 나타날 때 효율적인 이미지 메이킹의 연출이 이루어졌다고 할 수 있다. 이러한 효율적인 이미지 메이킹 연출을 할 때 고려해야 할 요소는 개인적인 요소와 사회·문화적인 요소로 나눌 수가 있다.

개인적인 요소에는 얼굴, 몸매, 헤어 등의 신체 이미지가 있는데, 정서적 측면인 마음가짐이나 사고방식, 생각, 가치관 등을 포함하고 있다. 그리고 행동적 측면에서 어떤 행동을 보이는 사람이냐를 고려해야 하며, 성향이나 성격은 어떤가 등 개인적인 요소를 고려해야 한다.

사회·문화적인 요소로는 먼저 라이프 스타일을 들 수 있다. 내가 일을 많이 하는 사람인가 혹은 여가에 좀 더 중점을 두는 사람인가, 내가 프리랜서인가, 쉴 때는 영화를 보는가, 혼자 집에서 책을 읽는가, 등산 등 레포츠를 즐기는가 등의 라이프 스타일적인 요소를 포함한다.

그리고 사회적 신분으로는 내가 정치인인가 혹은 CEO인가 등을 고려해야 한다. 직업적으로는 내가 학생인지 선생님인지, 혹은 광고 회사 디렉터인지, 패션 디자이너인지 등 직업에 따라 달라진다. 나의 역할이 가정주부인지 혹은 가장인지 등 역할에 따라서도 다르게 나타난다.

마지막으로 중요한 것은 유행으로, 그 시대가 원하는 시대상, 사회적 흐름, 유행에 맞는 이미지 메이킹을 해야 한다.

개인적 요소	신체 이미지, 정서적 측면, 행동적 측면, 성향, 개성 등
사회·문화적 요소	라이프 스타일, 사회적 신분, 직업, 역할, 유행 등

이미지 메이킹 시 고려 요소

효율적인 이미지 메이킹 방법

이미지 메이킹의 효율적인 상호 작용을 위해서 가장 중요한 것은 내적 이미지와 외적 이미지를 높이는 것이다. 두 부분이 합쳐져서 시너지 효과를 낼 때 효율적인 이미지 메이킹이 이루어졌다고 할 수 있다.

① 이미지 향상을 위해

내적 이미지를 높이기 위해서는 자신만의 커리어 맵(Career Map)을 만들고 자신을 파악하여 자신감을 높이는 것이 중요하다. 즉, 시대와 사회가 요구하는 인간적인 매력도를 높여야 한다.

외적 이미지 또한 중요한데, 외모를 가꿈으로써 자신의 가치를 높이고 다른 사람에게 예의를 지킬 줄 알아야 한다.

② 가치 향상을 위해

자신의 가치를 높이기 위해 가장 먼저 해야 할 일은 자신의 능력을 개발하는 일이다. 자신을 객관적인 시각으로 냉정하게 관찰하고 이성적으로 판단해야 한다. 그리고 단점은 줄이고 장점은 계속해서 개발하여 자신의 능력을 자신이 원하는 이미지가 될 수 있도록 끌어올려야 한다.

자신감을 가지고 자신의 능력을 발휘할 수 있는 기회를 스스로 만드는 것이 필요하다. 자신에 대해서 부정적인 이미지를 가지고 있는 사람에게는 자신감 있는 태도와 떳떳한 태도를 기대할 수 없다. 항상 긍정적인 마음을 가져야 한다.

성공적인 삶을 원한다면 자신의 이미지를 호감이 가도록 만드는 것이 중요하며, 시각적이고 감각적인 이미지를 위해서 자신에 대한 철저한 분석이 이루어져야 한다. 자신이 원하는 이미지에 대한 분석을 통해서 자신의 이미지나 전달하고자 하는 메시지를 명확히 파악해야 한다. 그리고 원하는 이미지 목표를 세우고 그 목표를 향해 노력해야 한다.

3 이미지 메이킹의 효과

이미지 메이킹을 통해 열등감을 극복하고 자신감을 끌어올림으로써 자아 존중감이 향상되고 궁극적으로 대인관계 능력이 향상된다.

자신감 제고

각각의 개성이 있는 자아에게 옳고 그름이란 따로 없다. 하지만 타인의 편견과 오해는 나에 대한 존중감을 가지지 못하게 하여 열등감과 자신감 결여로 이어진다. 반면에 이미지 메이킹을 통해 자아의식에 대한 개념을 제대로 알고 깨닫게 된다면, 이는 열등감 극복과 자신감을 높여 더욱더 좋은 이미지를 형성할 수 있다.

자아 존중감 향상

정확한 자기 자신, 즉 참 자아를 인식하고 자신에 대해 가지는 이미지가 긍정적이라면, 그것을 통한 자기 자신의 존중감이 향상되고 이것은 무엇보다도 중요한 요소로 자리 잡을 것이다. 자기 자신이 부정적으로 자신을 존중하지 않고 사랑하지 않는다면 과연 어느 누가 자신을 존중하고 사랑해 주겠는가?

대인관계 능력 향상

향상된 자신감과 자아 존중감은 타인을 마주할 때도 효과가 있어 원만한 대인관계를 형성할 수 있도록 도움을 준다. 이미지 메이킹은 인간의 부정적인 자기 이미지를 긍정적으로 변화시킨다. 이는 사회생활 속에서 자아 존중감과 열등감 극복, 자기 효능감 향상 및 참 자아 인식을 통하여 바람직한 대인관계를 형성하도록 도와준다. 그리고 직장에서의 자기 성취와 생산성을 향상하여 경쟁력이 높아지므로 대인관계는 인생에 있어서 빼놓을 수 없는 성공 요소라 할 수 있다.

4 　성공적인 이미지 메이킹의 5단계

다른 사람들이 나를 어떻게 볼까? 내가 생각하고 있는 나의 모습과 같을까, 아니면 다를까? 이런 고민을 경험해 본 적이 있다면 이미지 메이킹이 왜 필요한지를 알고 적절하게 관리를 해야 할 것이다. 다행스럽게도 이미지란 후천적으로 만들어지는 부분이 훨씬 더 크기 때문이다. 우리는 좋은 이미지를 많이 구축하는 사람이 성공하는 시대에 살고 있다. 나만의 고유한 이미지, 다른 사람의 주관적 사고와 기준에 맡겨둔 채 수동적이고 무기력하게 형성되도록 방치할 수는 없다. 상황에 따라서 개인의 능력이나 호감도를 높일 수 있도록 자신을 '나다운 모습'으로 만들기 위해 연출하며 자기 이미지를 통합적으로 관리해야 한다.

1단계 | Know Yourself, 자신을 알라

자신을 잘 파악하고 문제점을 찾는 단계로, 이미지 메이킹의 가치를 발휘하는 과정이다. 나의 이미지를 만들기 위해서는 무엇보다 '나는 누구인가?'에 대한 물음에 정확하게 답할 수 있어야 한다. 지금 내가 어떤 상태인지 객관적으로 분석해야 한다. 나의 장점은 무엇이고 단점은 무엇인지, 나의 강점은 무엇이고 약점은 무엇인지를 분석해 보고 미래에 대한 목표와 계획을 세웠을 때 비로소 참 자아를 발견했다고 할 수 있다. 그리고 나서 자신에게 맞는 이미지를 선택해야 한다. 자신만의 고유한 개성을 찾는 것이 성공적인 이미지 구축의 출발점이다.

2단계 | Develop Yourself, 자신을 계발하라

자신의 목표를 설정하고 내적, 외적 능력이나 장점을 찾아서 계발하여 발전시키는 단계이다. 나의 이미지와 내가 좋아하는 이미지는 별개이다. 내가 원하는 이미지와 실제 나의 이미지 사이에는 차이가 있다. 이러한 차이를 줄여나가기 위해 자신의 단점은 줄이고 장점은 더욱더 개발해야 한다. 이미지 메이킹은 단점을 보완하고 변화시키는 것보다 나만이 가지고 있는 능력과 장점을 찾아 장점을 더욱 돋보이게 하고 강하게 만들어가는 데 중점을 둔다.

3단계 | Package Yourself, 자신을 포장하라

자신을 보기 좋게 포장하는 단계이다. 우리 속담에 '보기 좋은 떡이 먹기도 좋다.'라는 말이 있다 제아무리 좋은 상품도 포장이 형편없으면 가치가 떨어져 보인다. 같은 물건이라 할지라도 그것을 어떻게 포장하느냐에 따라 물건의 가치와 그것을 대하는 우리의 태도가 달라진다. 어느 누구도 다이아몬드를 신문지에 싸지는 않는다. 자신의 내적 이미지를 살릴 수 있도록 외적 이미지도 개발해야 한다. 포장을 극대화하라. 직업, 상황, 목표에 맞게 이미지를 설정하고 어떤 요소를 더 부각시켜 나를 기억하게 만들 것인지 포인트를 잘 잡아 포장해야 한다.

4단계 | Market Yourself, 자신을 팔라

자신의 가치와 가꾸어진 이미지를 어필하여 상대방에게 인식시키고 좋은 이미지로 자신을 팔아 높은 평가를 이끌어내는 단계이다. 자신감을 가지고 자신의 능력을 발휘할 수 있는 기회를 스스로 만드는 것이다. 즉, 포장이 끝났으니 이제 시장에 내놓아 검증을 받아야 한다는 것이다. 이제 비싸고 값어치 있게 판매해야 한다. 자기 자신을 알리고 광고하는 자기 PR에 중점을 두어야 한다. 판매가 잘된다면 어디에서

5단계	Be Yourself	자신에게 진실하라.
4단계	Market Yourself	자신을 팔라.
3단계	Package Yourself	자신을 포장하라.
2단계	Develop Yourself	자신을 계발하라.
1단계	Know Yourself	자신을 알라.

성공적인 이미지 메이킹의 5단계

퍼스널 이미지 커뮤니케이션

어떤 부분으로 잘 팔리는지 파악해야 하고, 그렇지 않다면 어디에서 무엇이 잘못되었는지 다시 1단계로 돌아가 재점검하고 검증하는 단계를 거쳐야 한다. 자신의 이미지를 당당하게 긍정적으로 보여주는 태도가 필요하다.

5단계 | Be Yourself, 자신에게 진실하라

자신에게 만들어진 이미지를 지속적으로 유지해서 진실한 이미지를 전달하는 단계이다. 이미지 메이킹에 있어서 진실하지 못하다면 앞의 네 가지 단계는 위선일 뿐이다. 나의 이미지에 대해 자신감을 가지고 더 나은 나를 계발하기 위해, 나의 자아실현을 위해 끊임없이 노력해야 한다. 내적 이미지가 외적 이미지로 나타날 때 그것이 진정한 의미의 이미지인 것이다. 이미지 메이킹은 거짓이나 위선이 아니며, 진실된 나의 이미지를 좀더 긍정적으로 보여주는 과정이다. 자신이 만든 이미지에 대해 언제든지 검증할 수 있어야 하고, 반드시 책임을 져야 한다.

 TIP 성공적인 이미지 메이킹 전략 10가지

1. **열린 마음을 가져라.** 닫힌 창고보다는 열린 뒤주가 낫다.
2. **첫인상에 승부를 걸어라.** 한번 실수는 평생 고생이 되기 때문이다.
3. **외모보다는 표정에 투자하라.** 표정이 안 좋다면 다른 것에 투자한 만큼 낭비이다.
4. **자신감을 소유하라.** 당당하고 야무진 모습은 무언의 설득력이다.
5. **열등감에서 탈출하라.** 상황을 바꿀 수 없다면 생각을 바꿔라.
6. **객관적인 자신을 찾아라.** 진정한 자기 발견은 달러보다 값지다.
7. **자신을 목숨 걸고 사랑하라.** 자신을 아낄 줄 모르는 사람은 남도 아낄 줄 모른다.
8. **자신의 일에 즐겁게 미쳐라.** 즐겁지 못한 일은 모두가 고역이기 때문이다.
9. **신용을 저축하라.** 쌓여가는 신용은 성공의 저금통장이다.
10. **남을 귀하게 여겨라.** 아무리 못났어도 나보다 나은 점이 있기 때문이다.

5️⃣ 나만의 이미지 메이킹 전략 세우기

우리는 왜 '자신의 이미지가 타인에게 어떻게 비쳐질까?'를 고민하고 또 늘 타인의 시선을 생각하게 되는 것일까? 자기 관리가 특히 중요한 연예인, 정치인들은 남들에게 보여지는 이미지에 신경을 곤두세우게 된다. 너무도 당연한 이야기이지만 자신의 이미지를 관리해야 하는 것은 이제 특정인들만의 문제가 아닌 일반인들에게도 주어진 우리 모두의 숙제이다.

나만의 이미지 메이킹 전략, 왜 필요한가

지극히 주관적인 개개인의 생각 속에 존재하는 나의 모습, 어쩌면 허상에 불과할지도 모르는 나의 이미지가 나의 현실, 나아가서는 나의 인생까지 좌우할 수 있는 마력을 지니고 있다.

이제 나는 내가 전달하고 싶은 이미지를 선택하고, 그것을 적절히 연출하는 법을 알아야 하는 시대에 살고 있다. 나 스스로 선택한, 나에게 가장 적합한 배역을 훌륭하게 연기하는 배우가 되어야 한다.

그렇다면 단순히 자아를 버린 채 겉모습만 번지르르하다고 진정한 이미지 메이킹이 된 것이라고 할 수 있을까? 남들이 말하는 일반적인 메이크업이 어떻고, 헤어스타일이 어떻고, 의상이 어떻고, 걸음걸이가 어떻다고 하는 것에 치중하는 것은 일차적인 이미지 메이킹 단계인 것이다. 이는 외적 이미지인데, 겉으로 보이는 모습만이 전부가 아니기 때문이다.

나만의 이미지 메이킹 전략, 스스로 세워 보자

남과는 다른 나만의 차별화된 이미지를 형성하려면 어떻게 해야 할까? 그러기 위해서는 먼저 나만의 참 자아를 발견하여 숨겨져 있는 가치를 발견하고 일반화시키는 일이다. 그리고 내가 보고 느끼는 주관적 자아와 다른 사람들이 보고 느끼는 객관적 자아의 차이를 줄이는 일이다. 나아가 나의 신분과 역할에 최적인 이상적 자아를 설정하고 그 목표에 도달하기까지 계속해서 업그레이드시켜야 한다.

이제 나 자신을 차분히 돌아보고 나를 위한 이미지 브랜드 전략을 세울 필요가 있다. 나만의 효과적인 이미지 설계, 즉 개인의 목표 관리를 위해서는 다음과 같은 과정이 필요하다.

첫째, 내 인생에서 가장 소중한 가치라고 할 핵심 가치를 수립하는 것이다.

둘째, '나는 꼭 이렇게 살아가겠다.'라는 사명을 수립하는 것이다. 자신이 왜 살아가는지에 대한 분명한 답이 있을 때, 외부의 부정적인 자극을 대하는 태도에 우리가 선택할 수 있는 힘이 생기게 된다.

셋째, 비전을 수립하는 단계이다. 비전이란 개인이 도달해야 하는 종착지이며, 현재보다 더 낫거나 바람직하고 성공적인 미래를 구체적이고 명확하게 기술하는 것을 말한다.

넷째, 핵심 가치를 수립하고, 사명을 만들어 보고, 비전까지 수립되었다면 그것을 수행하기 위한 실행 전략이 무엇인지를 나타내어야 한다. 즉 개인만이 가지고 있는 행동 강령을 만들어야 한다. 실행이 없는 전제는 그 어떤 것이라도 공염불에 지나지 않기 때문이다.

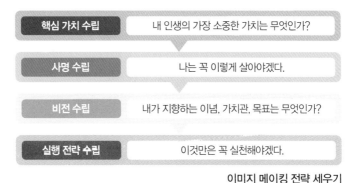

이미지 메이킹 전략 세우기

힐러리의 이미지 메이킹 전략

힐러리 로댐 클린턴Hillary Rodham Clinton은 미국의 제67대 국무장관이자 제44대 대통령의 배우자, 뉴욕 주 상원 의원을 지낸 정치인이다. 한때 대중적인 이미지가 좋지 않았었다. 미국의 한 투표에서 지난 천 년간 가장 사악한 인물에서 이디 아민Idi Amin, 사담 후세인Sadam Hussein을 제치고 6위에 랭크되기도 했었다. 그러나 오바마Burack Obama 행정부에서 미국 국무장관으로 재직하며 2012년 타임지 선정 세계에서 가장 영향력 있는 100인에서 외교의 아이콘으로 선정되기도 하는 등 이미지가 과거에 비하면 상당히 상승하였다.

힐러리는 자신의 강점이 무엇인지 알고 있다. 또한, 정치인으로 뛰어들며 대중들에게 한 가지의 메시지를 패션과 헤어스타일의 변화(지위와 역할에 따라 변화)를 통하여 일관되게 전하고 있다. 그녀는 이미지 컬러와 슈트를 통하여 커리어 우먼Career Woman으로서 당당함을 전해오고 있다.

대학교 시절의 힐러리는 긴 생머리에 동그란 안경을 착용하고 있었다. 이때는 당당한 커리우먼의 느낌이라기보다는 장난기가 있는 듯한 대학생의 모습이다. 이 당시 사람들은 힐러리가 영부인이 되고 세계적으로 유명한 인물이 될 것이라는 것을 알았을 리가 없다.

힐러리는 영부인이 되면서 퍼스트 레이디로서의 외적 이미지를 바꾸기 시작했다. 가장 먼저 긴 머리를 짧게 자르는 것부터 시작했다. 무엇인가 나약해 보이는 긴 머리에서 짧게 잘라, 보호받고 싶은 여자보다는 당당한 퍼스트 레이디로서의 느낌을 풍긴다. 또한, 광택이 있는 스카프나 진주 귀고리, 브로치를 통하여 우아함과 고상함을 보여주고, 헤어스타일을 통하여 퍼스트 레이디로서의 권위와 지위를 전략적으로 보여주었다.

힐러리는 현재 영부인으로서가 아니라 정치인으로서 당당함을 외적 이미지를 통하여 표현하고 있다. 힐러리는 칠지한 이미지 컨설팅을 통한 이미지 메이킹 전략으로 정치적 메시지를 전달하고 있다.

대학생 힐러리

패션에 맞는 액세서리

자신감 넘치는 제스처

원색 정장
바지와 슈트

퍼스널 이미지 커뮤니케이션

ACTIVITY

나의 이미지를 평가해 보자

1. 개인과 사회, 국가에 이르기까지 이미지 메이킹의 영향력은 점차 확대되고 있다. 진정한 이미지 메이킹은 시대가 요구하는 미의식과 가치관이 자신의 외적, 내적 모습에 반영될 때 그 영향력을 발휘한다. 이미지 메이킹이란 무엇인지 그 개념을 정리하고 이미지 메이킹의 가치에 대하여 서술해 보자.

2. 우리는 이미지가 경쟁력인 시대에 살고 있다. 이미지를 구축하고 관리해야 하는 것은 어느 특정인에게만 국한된 것이 아니다. 이제 나 자신을 차분히 돌아보고 나를 위한 이미지 브랜드 전략을 세울 필요가 있다. 지금까지의 학습 내용을 토대로 나만의 이미지 메이킹 전략을 세워 보자.

구분	내용
핵심 가치	
사명	
비전	
실행 전략	

퍼스널 이미지 관리

1 첫인상 관리

하루 중 내가 나를 들여다보는 시간은 과연 얼마나 될까? 아마도 내가 나를 보는 시간보다 남이 나를 보는 시간이 더 많을 수밖에 없다. 이때 보여지는 이미지는 나의 의지와 상관없이 상대방의 주관적 판단으로 만들어지는 것이다. 그러므로 나의 좋은 이미지를 형성하기 위해 노력해야 함은 당연한 일이다. 그렇다면 남들에게 보여지는 나의 이미지는 어떻게 관리하는 것이 좋을까?

사람들은 이미지 메이킹이라고 하면 엄청난 무엇인가를 해야 한다고 생각하는데, 사실은 그렇지 않다. 바로 기본에 충실하는 것이 중요하기 때문이다. 기본이라고 하면 눈에 보이는 것(보여지는 것), 위생, 매너 등 아주 원초적이고 사소한 것들이라고 할 수 있다. 이러한 것들은 사람의 첫인상을 결정짓는 아주 중요한 요소가 된다. 따라서 이미지 관리라고 하면 이러한 요소들이 타인에게 긍정적으로 보여질 수 있도록 관리하는 것을 말한다.

사람은 어떤 환경에서 자신을 어떻게 관리하느냐에 따라서 인상도 달라진다. 기왕이면 예의를 갖춘 가벼운 인사 한마디가 돈이 드는 것도 아닌데 호감을 줄 수 있다면 굳이 부담을 느낄 필요가 없다.

이 시대를 살아가면서 우리는 수없이 많은 사람에게 보여지고 선택된다. 우리의 성격, 능력, 경력은 제쳐 두고라도 선택되는 데 영향을 주는 기준이 있는데, 그 기준이 바로 이미지이다. 이미지는 이중성을 가지기 때문에 겉으로 보이는 것이 전부가 아니다. 다시 말하면, 이미지는 창조성을 가진다고 할 수 있다. 그래서 노력하면 만들 수 있는 것이다. 그것도 아주 훌륭하게 만들 수 있다. 그래서 이미지를 '메이킹(Making)한다.'라는 말이 가능한 것이다.

1 첫인상

우리는 타인과의 첫 만남에서 그 사람의 용모와 신체적 특징을 통해 호감을 가지게 되거나, 아무런 인상을 받지 못하거나, 또는 비호감을 가지게 된다. 그리고 생활 속에서 만나는 상대방의 성격, 습관, 사상, 사회적 신분, 배경, 학력 등을 파악하여 추후의 만남에서 그러한 정보들을 적용해 간다.

첫인상의 개념

인상이란 어떤 사람이나 사물에 대해 총체적으로 요약된 평가를 말한다. 그러므로 첫인상은 '처음 대면하는 아주 짧은 시간에 상대방에 대한 평가와 결론을 내리는 것'이라고 정의할 수 있다. 즉, 첫눈에 느껴지는 인상을 말한다.

사람은 0.3초라는 짧은 시간에도 호감, 비호감으로 첫인상을 판단할 수 있을 정도로 첫인상에 민감하여 3초 정도의 시간이면 그 사람의 첫인상이 결정된다고 한다. 이러한 첫인상은 관계의 시작을 의미하는 강렬한 이미지이다. 어떤 사람은 첫인상이 좋아서 칭찬받고, 또 어떤 사람은 첫인상이 좋지 않아서 혹평을 받기도 한다.

우리는 살아가면서 많은 사람과 수도 없이 만남과 이별을 반복한다. 인간관계나 비즈니스(Business) 거래 등에 있어서 첫인상은 긍정 효과를 가져다주기도 하지만 부정 효과를 가져다주기도 한다.

사람을 처음 만날 경우, 서로의 반응은 처음 느끼는 인상에 따라서 영향을 끼친다. 미국의 사회심리학자 올포트(Gordon Willard Allport)에 의하면, 사람들은 보통 30초 이내에 처음 본 사람의 성별, 나이, 직업, 성격, 개인적 성향까지도 어느 정도 짐작할 수 있다고 한다.

첫인상은 내 의사나 사실 여부와 관계없이 오랫동안 영향을 미치기 때문에 인간관계를 맺고 사회생활을 함에 있어서 매우 중요하다. 특히 면접이나 미팅을 앞두고 크게 고민되는 부분이 바로 첫인상이기도 하다.

사람은 일관성을 유지하려는 심리 때문에 일단 형성된 첫인상은 쉽게 바뀌지 않는다. 그래서 비호감형에서 호감형으로 만들기 위해서는 약 60번의 만남의 시간을 가져야 한다고 한다.

첫인상은 소통의 시작이다. 상대방을 직접 만나서 이야기하는 면대면 커뮤니케이션(Communication)에서뿐만 아니라, 트위터나 페이스북과 같은 SNS(Social Networking Service)를 통해 만난 상대에 대해서도 첫인상이 형성된다. 이것이 추후의 소통에 영향을 주기 때문이다.

또한, 처음 만나는 사람에게 보여지는 정보를 순간적으로 느끼고 정리하여 개인의 인지 구조에 의해 각인시키고, 개인에 대한 주관적인 정보의 전달이며 인간관계의 시작이다. 즉, 누군가와 대면할 때 그가 갖게 되는 최초의 이미지인 동시에 그에게 나타나는 자신의 정보를 전하는 첫 번째 단계이다.

첫인상은 퍼스널 이미지 메이킹이 가장 필요한 순간이며 개인의 이미지가 결정되는 순간이다. 첫인상은 순간이지만, 보이는 모습은 때로는 그 사람의 전부이다. 맨 처음 만나는 상대에게 호감 가는 첫인상을 보여준다면 인간관계의 반은 성공한 것이나 다름이 없다.

인간관계의 시작, 첫인상

퍼스널 이미지 커뮤니케이션

첫인상의 특징

현대 사회는 거의 매일 새로운 사람을 만나 교류하면서 소통해야 하는데, 이때 첫인상은 대인관계에 있어서 상호 작용을 결정하는 매우 중요한 역할을 한다. 첫인상이 좋지 않으면 그 사람을 기피하게 되고, 만나고 싶은 생각마저도 사라지게 된다. 따라서 첫인상의 특징을 잘 살펴서 첫인상을 가꾸는 데 노력해야 한다.

① 일회성

기회는 한 번뿐이다. 첫인상은 누구도 두 번 줄 수 없다. 그러나 첫인상의 위력은 막강하다. 두 번째나 세 번째의 만남보다는 첫 번째 만났을 때의 모습이 오래도록 기억에 남게 된다. 첫 번째 들어온 개인의 이미지 정보가 인상적일수록 그다음에 느껴지는 정보는 심리적으로 거부하기 때문에 좀처럼 인식되지 않는다. 먼저 들어온 정보가 나중에 들어온 정보보다 인상 형성에 더욱 강력한 영향을 끼치므로 단 한 번의 기회를 놓치지 말아야 한다.

② 신속성

순간적으로 신속하게 머릿속에 새겨 넣듯 깊이 기억된다. 많은 실험 결과에서 첫인상이 전달되는 시간은 불과 2초에서 3초 정도로 나타났다. 따라서 중요한 만남일수록 신속하게 긍정적으로 각인시켜야 한다. 상대보다 내가 먼저 쳐다보고 준비하는 것이 상대의 호감을 얻을 수 있는 비결이 된다.

③ 일방성

일방석으로 전달된다. 나를 처음 보는 사람들은 나의 동의도 없이 그 사람들의 기준에 따라 함부로 느끼고 판단한다. 어느 누구도 처음 만났을 때 나쁜 느낌은 말하지 않지만, 자신의 기억 속에 틀림없이 저장해 버린다. 따라서 나 자신이 다른 사람들에게 어떻게 보여지고 있는지를 점검할 필요가 있다.

④ 연관성

상상과 연상을 가능하게 한다. 첫 만남에서 평가된 인상에 의해 그 사람의 외적인 연상을 하게 되며, 그 외의 관련 정보에 대해서도 추측하고 연상하여 그것을 첫인상으로 저장해 놓는다.

앞의 네 가지 특징을 살펴보면 첫인상은 보여지는 사람에게 불리한 구조임을 알 수 있다. 따라서 미리 준비하지 않으면 상대방에게 자신이 원하지 않는 모습으로 각인될 소지가 많다.

첫인상의 오류(편견)

첫인상으로 사람이나 사물을 판단하는 바람에 오류를 범한 적이 있는가? 누구나 이런 일이 몇 번씩은 있었을 것이다. 그리고 험악한 인상인 사람은 첫인상이 매우 나쁘므로 성격까지 험악할 것이라는 오해를 받기도 한다.

대부분의 사람은 3초 이내에 판단하는 첫인상을 너무 믿어서는 안된다는 주장을 하기도 한다. 그러나 이것은 뇌에서 일어나는 지극히 본능적인 현상인데 어찌할 것인가? 인간은 아름다운 것을 보면 쾌감을 느끼는 미적 본능을 가지고 있다. 뇌는 사물에 대해 제법 정확하게 꿰뚫어 본다. 얼른 보고 상대방을 판단하는 것은 이미 인간의 뇌가 가지고 있는 본능적인 능력이다.

> **TIP** **첫인상의 오류(편견)**
>
> 1. 일부에서 전체를 판단한다.
> 2. 일시적인 행동을 일반적인 현상으로 본다.
> 3. 자기가 중요시하는 면에 중점을 두고 판단한다.
> 4. 일부분이 비슷한 것을 가지고 유추하여 지각한다.
> 5. 기존의 일반적 관점을 가지고 사람을 본다.
> 6. 본질과는 관련이 없는 것을 보고 그 사람의 본질이라고 믿는다.

2️⃣ 첫인상의 중요성

우리가 사회생활을 함에 있어서 첫인상의 중요성은 아무리 강조해도 지나치지 않다. 이후의 관계 형성이나 일과 관계된 만남이라면 사업의 성패까지도 달려 있다.

서로가 사람을 대할 때 선입견을 가져서는 안된다고 하지만, 첫인상이 그 사람의 호감도를 좌우한다는 것은 어쩔 수 없는 사람의 심리인 것 같다. 첫 대면을 하는 순간 그 사람에 대한 인상이 마음속에 빨리 새겨지게 된다. 일자리, 친구, 결혼 상대를 찾을 때 성공 여부는 첫인상에 달려 있다고 해도 과언이 아니다. 여러 사람을 만날 때 우리가 원하든 원하지 않든 표면적으로 성대방과 나의 첫인상이 결정된다. 그만큼 현대 사회에서 첫인상은 전략적인 무기가 된 것이다.

아주 짧은 시간에 한번 각인된 첫인상을 바꾸기란 쉬운 일이 아니며, 상대방에게 긍정적인 이미지를 부여하기 위해서는 오랜 시간과 노력이 필요하다. 첫인상을 바꾸기 위해서는 첫인상보다 매우 강렬한 인상을 주어야 하므로 대인관계에 있어서 첫인상은 우리에게 매우 중요하게 작용한다. 한번 각인된 첫인상이 그 사람에 대한 고정관념으로 유지되어 웬만해서는 잘 바뀌지 않기 때문이다.

기업도 마찬가지이다. 고객이나 대중에게 한번 심어진 그릇된 이미지는 어지간한 노력으로 바로잡기 힘들다. 이는 많은 기업이 CI(기업 이미지)나 BI(브랜드 이미지) 관리에 상당한 투자를 하고, 사회 공헌 활동에 신경 쓰는 이유이기도 하다.

모든 만남에서 호감과 비호감이 결정되는 첫 번째 관문은 단연 첫인상이다. 첫인상이 중요한 이유는 자칫 한번 잘못 비추어지면 상대방의 기억 속에 각인되어 쉽게 바꾸기가 어렵다는 데 있다. 자신도 모르는 사이에 상대방에게 나쁜 인상을 주고 있다면 이보다 더 황당하고 억울한 일도 없을 것이다. 알면서 못 고치고 있는 문제들은 그렇다고 해도 전혀 모르는 사이에 일어나고 있는 자신에 대한 평가가 관계의 질을 결정한다는 사실에 주목할 필요가 있다.

우리는 자신을 남에게 보이고 싶은 부분만 보이려고 한다. 어쩌면 그 사람에 대해 아무것도 모르고 말 한마디 해보지 않고 판단하는 첫인상, 그런데 그것이 실체와 가까울 수도 있지만 그렇지 않은 경우도 허다하다.

사람들은 타인을 판단하는 데 많은 정보를 동원하여 시간을 쓰는 것을 싫어한다. 그렇기 때문에 당장 눈에 보이는 정보만으로 누군가에 대해 평가를 내린다. 심리학 연구 결과 결정이 필요한 상황에서 여성은 자신의 판단을 좀 더 고민하는 반면, 남성은 초기의 첫인상을 거의 바꾸지 않는다고 한다. 이는 첫인상이 중요한 또 하나의 이유이기도 하다.

이처럼 아주 제한되고 단편적인 정보에 근거하여 인상을 형성함에도 불구하고 우리가 형성한 인상에 따라 우리의 행동은 크게 영향을 받는다. 가령, 내 앞에 서 있는 사람이 나에게 사기꾼으로 보이느냐, 안 보이느냐에 따라 그를 대하는 나의 행동이 달라진다. 실제로 그가 사기꾼인지 아닌지는 크게 중요하지 않다. 그가 어떻게 보이는지가 더 직접적으로 우리의 행동을 결정한다.

이렇게 한번 형성된 인상은 앞서 보았듯이 일관성이 유지되는 경향이 강하다. 그래서 일단 나쁜 인상이 형성되고 진짜 정보가 들어온다고 하더라도 무시되거나 처음 형성된 인상에 맞게 왜곡된다. 그래서 첫인상이 중요하다.

첫인상은 그 사람을 평가하는 가장 기본적 요소이자 그 인상을 오랫동안 끝까지 남겨줄 아주 중요한 뇌의 정보로 인식되고 있다. 그래서 많은 사람이 자신의 이미지를 가꾸고자 노력하고 있다.

> ### ! TIP 첫인상의 중요성
>
> 1. 아주 짧은 시간 안에 결정된다.
> 2. 한번 각인된 첫인상은 바꾸기가 어렵다.
> 3. 상대에게 갖게 되는 최초의 이미지이다.
> 4. 사람을 평가하는 가장 기본적인 요소이다.
> 5. 내 의지나 사실 여부와 관계없이 오랫동안 영향을 미친다.
> 6. 소통의 시작이며, 대인관계의 첫 단계이다.
> 7. 첫인상이 마지막 인상이다.

3 첫인상을 결정하는 요소

첫인상은 자신을 남에게 전달하는 과정에서 나타나며, 누구나 상대방을 만나게 되면 그 사람에 대한 정보를 주거나 받으면서 자연스럽게 알 수 있는 것이다. 상대방을 평가할 때 가장 중요한 부분이 첫인상이므로 좋은 인상을 형성하는 것은 자신에 대한 호감도를 높이고 성공적인 사회생활을 하는 데 중요하게 작용한다.

첫인상을 결정하는 요소는 시각적 요소, 청각적 요소, 인격적 요소로 나눌 수 있다. 먼저 시각적 요소로는 표정, 용모, 자세, 동작 등의 외모가 80%를 차지하고, 청각적 요소로는 말씨, 말의 높낮이와 속도, 억양 등이 13%를 차지한다. 또한 인격적 요소로는 말의 내용, 전문 지식, 숙련된 기술 등이 7%를 차지한다.

이렇듯 외모는 첫인상을 결정하는 데 가장 많은 부분을 차지하기 때문에 평소에 외모를 나타내는 요소들을 관리하는 것이 필요하다.

메라비언의 법칙

미국의 앨버트 메라비언(Albert Mehrabian)이 발표한 이론이다. 이는 의사소통에 있어서 55%의 시각적 요소(복장과 외모 등)와 38%의 청각적 요소인 목소리(음색, 억양, 고저 등), 그리고 7%의 언어(말의 내용)를 근거로 첫인상을 형성한다고 하였다.

이 이론에 따르면, 대화를 통하여 상대방에 대한 호감 또는 비호감을 느끼는 데에

눈에 보이는
비주얼과 보디랭귀지

시각 55%

목소리의 억양과 톤

청각 38%

말의 내용

언어 7%

첫인상을 결정짓는 세 가지, 메라비언의 법칙

서 언어적 영역(말의 내용)이 차지하는 비중은 7%로 그 영향력이 미미하다. 반면에 말의 내용과 직접적으로 관계가 없는 비언어적 요소(시각+청각)가 93%를 차지하여 상대방으로부터 받는 이미지를 좌우한다는 것이다. 이는 효과적인 소통에 있어 비언어적 요소가 얼마나 큰 영향을 미치는가를 보여주고 있다.

소개팅 첫인상 결정 요소

첫인상은 매우 짧은 시간에 어떤 사람에 대한 평가를 내려 쉽게 바뀌지 않는다는 특징을 가지고 있는데, 한 조사에 따르면 사람을 처음 만날 때 2~3초 사이에 첫인상을 형성하고 30초 후에 그 사람에 대한 결론을 내린다고 한다. 그렇다 보니 많은 사람이 처음 만나는 사람에게 좋은 첫인상을 전달하기 위해 의식적이든 무의식적이든 여러 방면으로 노력하게 된다. 남녀 간의 만남인 소개팅 자리에서는 더욱더 그러하다.

온라인 패널 서비스 패널나우(PanelNow)가 전국 35,654명을 대상으로 실시한 설문 조사 결과를 통해, 이성을 처음 만나는 자리에서 상대방의 첫인상을 결정하는 주된 요소가 무엇인지 살펴보면 다음 그래프와 같다.

소개팅 첫인상 결정 요소 TOP 9(자료: 패널나우)

퍼스널 이미지 커뮤니케이션

4 첫인상의 심리 효과

우리는 평생 동안 10만 명의 사람과 만난다고 한다. 즉, 첫 만남도 10만 번이라는 말이다. 첫 만남은 인간관계에서 아주 중요한 의미를 가지고 있으며, 한 번의 만남으로 끝날지, 평생에 걸친 인연이 될지는 바로 첫인상에서 결정된다. 사람에 대한 인상을 결정짓는 것도 한순간이다.

이러한 첫인상에는 몇 가지 심리 효과가 있다.

초두 효과

초두 효과(Primary Effect)란 대부분의 경우 먼저 제시된 정보가 나중에 제시된 정보보다 전반적인 인상 현상에 더욱 강력한 영향을 끼치는 것을 말한다. 그렇기 때문에 첫인상은 쉽게 바뀌지 않는 특성이 있다. 대개 첫인상은 나중에 들어오는 정보를 해석하는 기준이 되는 것이다. 일상 속에서 자주 사용되는 '첫인상이 중요하다.'라는 말은 초두 효과를 잘 보여주는 사례로 볼 수 있다. 사람들이 서로 처음 만날 때 든 느낌과 기분이 앞으로 이 사람을 대하는 태도를 결정한다.

초두 효과의 반대 개념으로 빈발 효과(Frequency Effect)가 있는데, 이는 첫인상이 좋지 않게 형성되었다고 할지라도, 반복해서 제시되는 행동이나 태도가 첫인상과는 달리 진지하고 솔직하게 되면 점차 좋은 인상으로 바뀌는 현상을 말한다. 자꾸 볼수록 인상이 달라진다는 것이다.

부정성 효과

부정성 효과(Negativity Effect)란 긍정적인 정보와 부정적인 정보가 동일한 양과 강도를 가지고 같이 전달되었을 때, 긍정적인 정보보다 부정적인 정보가 인상 결정에 결정적인 영향을 끼친다는 것이다. 부정적인 것으로 인해 다른 긍정적인 것이 잘 보이지 않는 경우를 말하기도 한다.

사실 부정적인 정보가 강력하고 우월하게 작용하는 바람에 대상에 대한 평가가 제대로 이루어지지 않는 것도 문제이지만, 부정적 인상이 쉽게 변하지 않는 것이 더욱 큰 문제이다.

인지적 구두쇠 효과

인지적 구두쇠 효과(Cognitive Miser Effect)란 주변 것을 인식하는 데 있어서 적은 노력을 들이려는 속성을 말한다. 일반적으로 첫인상을 결정하는 시간은 3~5초 정도라고 알려져 있다. 왜 이렇게 짧은 시간에 많은 것을 판단하려는 것일까? 그것은 인간의 특성과 관계가 있는데, 상대방을 판단할 때 노력은 적게 들이면서도 신속하게 결론을 얻으려는 효율성을 자신도 모르게 추구하려 하기 때문이다.

맥락 효과

맥락 효과(Context Effect)는 처음에 들어온 정보가 나중에 들어온 정보의 처리 지침이 되어 전반적인 맥락을 제공한다는 개념이다. 처음에 인지된 이미지가 이후 형성되는 이미지의 판단 기준이 되고, 전반적인 맥락을 제공하여 이미지 형성에 영향을 주게 되는 효과이다. 이는 처음에 인지한 정보가 나중에 들어오는 정보에 대한 근거를 제공하기 때문이다.

후광 효과

후광 효과(Halo Effect)는 어떤 대상이나 사람에 대한 일반적인 견해가 그 대상이나 사람의 구체적인 특성을 평가하는 데 영향을 미치는 현상을 말한다. 이는 학력이나 외모, 지명도 등 어떤 대상의 장점이나 매력이 그 대상의 드러나지 않은 다른 특성을 평가하는 데 영향을 미친다는 것이다. 인상이 좋으면 성격도 좋고, 능력도 좋은 것 같다는 평가를 내리기 쉽다.

2 좋은 이미지 만들기

이미지는 내적 요소와 외적 요소가 합쳐져서 남에게 보여지는 모습을 말한다. 이미지가 좋은 사람들을 대할 때면 기분이 좋아진다. 그들에게서는 남다른 이미지가 느껴지는데, 흔히 이미지를 교양 있는 사람의 척도라고 한다. 좋은 이미지는 타인에게 호감을 주는 모든 것이라고 할 수 있다.

좋은 이미지를 만들기 위해서는 이미지의 요소, 즉 내적 요소인 인성을 기르는 것이 중요하며, 외적 요소인 외모적 이미지와 행동적 이미지 그리고 언어적 이미지를 개선하는 것이 필요하다.

살아가는 데 있어서 인상은 외모와 구별되는 또 다른 무기이다. 좋은 인상을 지니기 위해서 어떻게 해야 할까? 타고난 얼굴이고 선천적 인상이니 어쩔 수 없다고 생각하고 그대로 있을 것인가? 인상은 타고난 것도 있고 후천적으로 노력에 의해 만들어지는 것도 있다. 좋은 인상을 만드는 생활 습관이 있다면 그를 따라야 할 것이며, 좋은 인상을 결정하는 요소가 무엇지 파악하고 개선해야 할 것이다. 얼굴 생김새가 중요한 것은 아니다. 치열한 경쟁 사회에서 뒤처지지 않으려면, 우리는 호감을 주는 인상 형성을 위해 노력해야 한다.

자신을 알고 일관성을 가져야 좋은 이미지를 가꿀 수 있다. 좋은 이미지를 만들려면 정체성(Identity)을 확립해야 한다. 내가 누구인지, 무엇을 할 때 행복하고 잘할 수 있는지 확실히 알아야 좋은 이미지로 개선할 수 있다. 그리고 자신의 정체성이 결정되면 여기에 맞는 이미지 콘셉트를 가지고 일관되게 노력하는 것이 중요하다. 정체성이 뚜렷하고 일관되게 자신의 이야기를 끌어가는 사람은 업무 능력이 뛰어날 뿐 아니라 사회생활에서도 남보다 한발 앞서나갈 수 있는 자신감이 있다.

1️⃣ 표정 관리

사람은 웃고 화내고 울고 기뻐하면서 표정으로 감정을 표현한다. 감정과 생각은 얼굴에 고스란히 표정으로 나타난다. 그래서 다른 사람의 표정을 보고 거짓말인지 아닌지 구별할 수 있다. 남의 표정을 보고 감정을 읽을 수도 있고, 알게 모르게 의사소통을 하기도 한다. 때로는 수 마디의 말보다 단 하나의 표정이 훨씬 더 많은 것을 전한다.

표정의 개념

즐거운 일이나 기쁜 일이 있으면 얼굴이 어떻게 될까? 저절로 미소가 지어지면서 웃게 된다. 이렇게 마음속에 생기는 기분이 겉으로 드러나는 것을 표정(表情)이라고 한다.

표정은 사전적으로는 마음속에 품은 감정이나 정서 등의 심리 상태가 겉으로 드러나거나 드러내는 모습을 말한다. 그러나 일반적으로는 보통 얼굴에 감정이 드러난 모습을 뜻한다. 이는 사람은 일반적으로 상대의 얼굴 근육의 움직임을 보고 그 사람의 감정을 추측하기 때문이다. 다시 말해서 안면 근육으로 표현하는 몸짓 언어라고 할 수 있다. 사람은 다양한 심리 상태를 얼굴 표정을 통해 표현하는데, 이러한 얼굴 표정은 수많은 얼굴 근육을 통해서 만들어진다.

기본적인 표정은 감정에서 나오는데, 기본적으로 희로애락(喜怒哀樂)의 표정에서 여러 가지 감정이 섞여서 나온다. 이를테면, 기쁜 표정과 즐거운 표정을 섞으면 말로는 표현하기 힘들지만 기쁘고 즐거운 그 표정을 보고 타인이 '이 사람이 지금 굉장히 기뻐하고 있구나.'라고 짐작하게 된다.

표정은 교육으로 이루어지는 것이 아니라 본능적으로 내장된 몸짓 언어라서 만국 공통 언어라고 할 수

행복　　　　　슬픔

있다. 심지어 태어날 때부터 눈이 보이지 않아 표정을 볼 수 없는 사람들도 다른 사람들과 비슷한 표정을 짓는다. 감정적이지 않거나 정반대의 감정을 가지고 있어도 고의적으로 그 표정을 만들기도 한다. 같은 웃음이라고 해도 다양한 표정이 나오기 때문에 그 사람의 웃는 정도와 기분을 짐작할 수 있다.

눈, 코, 입의 생김새나 뻗어 있는 방향 등으로 사람의 운명을 점치는 관상학은 과학이 아니다. 하지만 표정으로 성격을 짐작해 볼 수는 있다. 얼굴의 전체적인 생김새는 부모로부터 물려받은 DNA로 결정되지만, 사람의 표정과 인상은 어려서부터 각자 어떤 마음가짐과 태도로 살아왔느냐에 따라 달라진다. 즉, 인생을 살아가면서 어떤 표정을 자주 지었느냐에 따라 특정 얼굴 근육과 거기에 붙어 있는 뼈의 모양이 바뀔 수 있다. 심지어 눈, 코, 입이나 주름의 생김새도 달라질 수 있다.

아름다운 얼굴 또는 좋은 인상을 가지려면 우리는 어떤 표정을 많이 지어야 할까? 무엇보다도 속마음이 긍정적이어야 한다. 이것은 제2의 언어인 표정이 우리 스스로에게 안겨주는 운명이다.

좋은 인상, 호감을 주는 인상은 단순히 생김새만을 의미하는 것은 아니다. 좋은 인상은 좋은 성격이 우선이라는 말처럼 긍정적이고 밝으며 생기 있는 표정으로도 호감형 인상을 풍길 수 있다. 하지만 잘못된 습관 하나가 부정적인 인상을 주고 호감도를 떨어뜨릴 수 있어 주의가 필요하다. 살아가는 데 있어서 인상은 외모와 구별되는 또 다른 무기이기 때문이다.

경멸   놀라움   혐오   화남   두려움

폴 에크먼(Paul Ekman)이 분류한 인간의 보편적인 7개의 얼굴 표정

나의 표정 체크 리스트

순번	체크할 내용	Yes	No
1	사진 찍는 것을 좋아한다.		
2	표정의 변화가 심한 편이다.		
3	누군가를 볼 때 먼저 인사하는 편이다.		
4	웃는 얼굴이 좋다고 칭찬받은 적이 있다.		
5	나의 입꼬리는 평상시 올라가 있는 편이다.		
6	사진을 찍을 때 자연스럽게 미소를 짓는다.		
7	낯선 사람과 대화할 때 눈 맞춤이 불편하지 않다.		
8	웃을 때 눈 모양이 작아지거나 초승달 모양이 된다.		
9	보다 예쁘게 웃기 위해 자주 거울을 보며 연습을 한다.		
10	미소보다는 활짝 웃는 모습이 더 잘 어울린다.		

표정의 중요성

우리는 누군가와 처음 인간관계를 맺을 때 아주 짧은 시간에 상대방의 표정과 외적인 모습을 보고 그 사람을 판단한다. 이러한 상황에서 표정이 매우 밝은 사람과 표정이 썩 좋지 않은 사람은 큰 차이를 보인다.

표정은 인간이 가지고 있는 마음의 상태를 나타내는 것이다. 이 상태 속에는 감정이 나타나고 얼굴의 모습이나 눈빛의 상태가 나타난다. 그러므로 인간의 표정은 우리가 살아가는 동안에 일어나는 대인관계에서 매우 중요한 위치를 차지한다.

인간은 상대방에게 직접적으로 말을 하는 경우가 많지만 표정으로 말을 하는 경우도 그에 못지않게 많다. 신뢰와 믿음으로 가득한 표정, 자신감이 넘치는 표정으로 스스로를 표현하는 것은 얼굴 표정을 밝게 만들어 사회생활을 하는 데 있어서 긍정적으로 작용한다. 따라서 우리 삶에 있어서 자신의 가치 있는 이미지 형성을 위해 표정만큼 중요한 것은 없다.

아무리 빼어난 외모를 가지고 있다 하더라도 나쁜 표정을 짓는다면 상대방에게 불편한 사람으로 인식될 수 있다. 그러나 아주 밝은 표정을 보여준다면 좀 더 친근하고 유쾌해 보이는 사람으로 인식될 것이다. 밝은 표정은 인상을 좋게 보이게 하나, 어둡고 사나운 표정은 상대방에게 거부감을 준다.

자신이 평소 어떤 표정을 자주 짓느냐에 따라서 다양하게 인식이 되고, 그로 인해서 인간관계가 좀 더 쉽게 형성될 수도 있고, 그렇지 않을 수도 있다. 따라서 대화를 하거나 인간관계를 형성하는 데 있어 표정은 매우 중요하다.

표정은 마음의 거울이며 상대방에게 호감을 주느냐, 못주느냐의 중요한 요소가 된다. 표정은 마음 상태에 따라 달라지는데, 마음이 어두우면 표정이 흐리고 심성이 악하면 표정이 독해진다.

표정만으로 자신의 마음과 심리 상태를 표출하는 것으로 상대에게 심리적 영향을 미친다. 또한 의중을 묻지 않고 상대방의 마음을 읽을 수 있다. 일반적으로 얼굴 표정에서 행복, 슬픔, 경악, 공포, 분노, 증오 등의 감정을 읽을 수 있다.

얼굴 표정이 바뀌면 그 사람의 감정도 실제로 바뀐다. 즉, 의도적으로 밝고 건강한 표정을 지으면 실제 감정도 밝고 건강해진다. 여유 있는 표정 속에는 반드시 미소가 포함되어 있다. 표정이 바뀌면 인상이 달라지고, 인상이 바뀌면 인생이 달라진다. 좋은 표정은 사회적, 신체적, 관상학적으로 긍정적인 효과를 가져온다.

같은 얼굴이라도 표정이 달라지면 인상이 달라진다

표정 관리

표정 관리란 심리 상태가 표정으로 드러나는 것을 숨기기 위하여 조심하는 것을 말하는데, 말 다음으로 사람의 속마음을 파악할 수 있는 의사소통 방식이다.

누구나 표정 관리가 잘되지 않아서(감정을 숨기고 싶어도 숨겨지지 않아서) 당황했던 일이 있었을 것이다. 감정에 따라서 표정이 드러나는 것은 자연스러운 일이지만, 표정에 감정이 드러나서 인간관계에서 어려움을 겪게 되기도 한다.

얼굴에 수심이 가득한 사람, 잔뜩 상기된 표정을 한 사람, 미소를 머금고 있는 사람이 있다. 이러한 얼굴 표정은 감정에 따라 변하기 마련이다. 그런데 표정에 이미 자신을 선호하는지, 기피하는지를 상대방이 알아채기 때문에 대인관계에서 표정 관리만큼 중요한 것도 없다. 표정은 자신은 볼 수 없고, 상대방에게 보여지는 것이기 때문에 심경의 변화가 표정을 통해 상대방에게 들통나게 된다. 표정 관리에 실패했다는 것은 실제 속에서 일어나는 감정 컨트롤에 실패했다는 것과 같다.

표정을 통해 나의 감정과 생각, 심리 상태를 언어가 아닌 행동으로 전달할 수 있다. 상대방이 아름답다고 느끼는 것은 단지 눈, 코, 입의 비율만이 아니라 미소를 기본으로 하는 표정도 큰 역할을 차지한다. 따라서 미소를 기본으로 한 표정 관리는 대인관계에서 중요한 일이며, 이는 의식적인 학습과 노력에 의해서 이루어진다.

사람들은 대부분 평소에는 얼굴 근육의 극히 일부분밖에 사용하지 않는다. 그래서 특별히 고안된 안면 체조 등을 통해 사원들의 표정 훈련을 시키는 회사도 있다. 고객 앞에서 늘 웃는 모습을 보이려는 일종의 표정 관리 노력이다.

상황에 따라 달라지는 표정 관리

퍼스널 이미지 커뮤니케이션

그러나 표정 관리에도 허점은 있게 마련이다. 심리학자인 폴 에크먼(Paul Ekman)은 이를 '비언어적 누출'이라고 이름 붙였다. 한 사람의 진정한 마음은 얼굴 근육의 미세한 움직임, 눈깜빡임 등의 작은 신체 동작, 목소리 주파수의 변화 등 비언어적 단서들을 통해 드러난다는 것이다.

인간관계에서 표정 관리는 매우 중요하다. 표정을 나타내는 데는 얼굴만 해당하는 것은 아니다. 그렇지만 얼굴에 나타나는 표정 하나로 모든 것을 함축하기도 한다. 표정을 감추고 무표정한 모습을 보이기도 하지만 무표정도 표정이다.

'자신의 얼굴에 책임을 져라.'라는 말이 있다. 얼굴에 드러나는 표정에는 책임이 뒤따른다. 평소 거울을 보고 자신의 얼굴을 들여다보자. 단점을 발견해서 성형 수술로 커버하려 하지 말고, 장점을 찾아서 계발하자.

TIP 표정 관리를 잘하려면

1. **표정 관리의 필요성을 인지한다.**
   표정 관리를 잘하면 주위 사람들에게 자신의 이미지를 좋게 심어주어 일을 하는 데 있어서도 자신이 원하는 방향으로 이끌어내기 쉽다. 자신의 감정을 여과 없이 표정에 드러내면 상대방에게 상처를 주거나 마찰이 생기기 쉽다.

2. **표정 관리를 위한 연습을 꾸준히 한다.**
   부드럽고 온화한 표정은 좋은 인상과 호감을 줄 수 있다. 평상시 이러한 표정이 자연스럽게 나올 수 있도록 거울을 보며 연습하는 것이 좋다.

3. **감정을 감추어야 할 때와 드러내야 할 때를 잘 파악한다.**
   표정 관리는 기쁠 때, 슬플 때, 화가 날 때 등 상황에 따라 표정을 드러내야 하는 것이다. 부정적인 감정을 느꼈을 때 이러한 감정을 절제하고 표정으로 드러내지 않는 것도 중요하지만, 감정을 드러내야 할 때 제대로 드리내어 진달하는 것도 좋은 방법이다.

4. **감정을 컨트롤하기 위한 자신만의 방법을 찾는다.**
   분노나 짜증, 미움 등과 같은 부정적인 감정은 순간적으로 치밀어 올랐을 때 이를 억누르기 어렵기 때문에 이를 컨트롤하기 위한 자신만의 방법을 찾아야 한다.

2 미소와 웃음

미소와 웃음

미소라고 하면, 우리는 모나리자의 미소를 생각하게 된다. 웃고 있는 것 같은데 자세히 보면 웃고 있지 않는 그 절묘한 미소 때문에 모나리자가 신비롭다는 평을 듣는 것 같다.

미소는 소리 없이 빙긋이 웃는 웃음을 말하고, 웃음은 웃는 일 또는 그런 소리나 표정을 말한다. 웃음은 기쁘거나 만족스럽거나 우스울 때 얼굴을 활짝 펴거나 소리를 내며, 쾌적한 전신 활동에 수반된 감정 반응이다. 웃음이나 미소는 외형적으로는 단순히 안면 근육의 기계적인 움직임이지만, 자신의 감정을 전달하는 표현적 언어이다. 웃음은 동물 중에서 유일하게 인간만이 지을 수 있는 아름다운 화장술이다. 보통 평상시의 웃음은 입을 크게 벌리고 소리를 내는 청각적인 것으로 일종의 공격 방법, 미소는 시각적인 것으로 일종의 애교라 할 수 있다.

웃음의 효과

마음의 즐거움은 얼굴을 빛나게 하고, 마음의 근심은 정신을 상하게 한다. 행복하기 때문에 웃는 것이 아니라 웃기 때문에 행복한 것이다. 실제로 암이나 다른 질병들

미소와 웃음, 좋은 첫인상의 출발

퍼스널 이미지 커뮤니케이션

을 웃음으로 극복한 사례가 있다. 또한 그 효과도 입증되고 있다. 웃음은 10분 이상의 줄넘기를 하는 운동 효과가 있다고 한다. 15초 동안 크게 소리 내어 웃으면 수명이 이틀이나 연장된다고 할 만큼 건강과 밀접한 관계가 있기도 하다.

만국 공통어인 미소는 우리의 결단에서 나오며, 그 미소의 끝 무렵에는 반드시 웃음이 찾아온다. 얼굴 표정은 감정 상태에 영향을 주기 때문에 미소가 웃음만큼의 치료 효과는 없다고 해도 신체에 유익한 결과를 가져온다는 것은 확실하다. 그렇기 때문에 우리는 미소 짓고 싶지 않을 때에도 의식적으로 미소를 지을 필요가 있다. 미소를 지으면 지을수록 미소 짓고 싶은 생각이 더욱 들게 될 것이다.

웃음이 육체의 질병을 치료하는 데 효과가 있다는 주장이 여러 사람들의 연구 결과에서 나타나고 있다. 유머와 웃음의 치료 효과에 대해 30년 이상이나 연구해온 윌리엄 프라이(William Fry) 박사는 "웃음이 폐를 확장시키고 근육과 신경, 심장을 따뜻하게 하여 긴장을 풀어주는 역할을 함으로써 에어로빅 운동과 비슷한 효과를 낸다."라는 주장을 하였다. 또한 "웃음은 체내에서의 조깅과도 같다."라고 하며, 웃음의 효과를 맛사지를 받은 효과에 비교하기도 하였다.

웃음의 건강 효과는 광범위하다. 연구에 따르면, 웃음은 통증을 완화하고, 더 큰 행복감을 가져다주며, 면역력을 높이기도 한다. 하지만 불행하게도 많은 사람들이 일상의 삶을 살면서 충분하게 웃지를 않는다. 한 연구에 의하면, 건강한 어린이는 하루에 400여 번 웃지만, 성인은 하루에 15번 정도 웃는 것으로 나타났다.

① 스트레스 해소

스트레스 상황에서는 코르티솔(Cortisol) 수준과 혈압이 올라가고 맥박 수가 증가한다. 웃음은 스트레스를 푸는 데 도움이 된다. 웃으면 코르티솔이나 에피네프린(Epinephrine)과 같은 스트레스 호르몬(Hormone) 수치가 감소한다. 반면에 엔도르핀(Endorphine)과 같은 건강을 향상시키는 호르몬은 증가한다. 또한 웃음은 항체 생성 세포의 수를 늘리고, T 세포(세포성 면역을 담당하는 림프구의 일종)의 효과를 향상시킨다. 이 모든 것이 스트레스로 인한 부작용을 줄이고, 더 강한 면역 체계를 갖게 한다.

② 해방감과 기분 전환

한바탕 크게 웃은 뒤 머리가 깨끗해지는 느낌을 경험한 적이 있는가? 웃음은 신체적, 정서적으로 해방감을 제공한다. 웃음은 분노, 죄책감, 부정적 감정에 맞추어진 초점을 다른 곳으로 돌려 기분을 개선시키는 작용을 한다.

③ 체내 장기 운동

웃음은 횡격막을 운동시키고, 복근을 수축시키며 어깨를 움직이게 하여 근육을 이완시키는 작용을 한다. 심지어는 심장에도 좋은 운동이 된다.

④ 긍정적 시각

연구에 따르면, 스트레스가 발생했을 때 투쟁 혹은 도피 반응이 일어난다고 한다. 하지만 유머는 더 밝은 관점을 제공하고, 문제점을 긍정적 도전으로 보게 하는 데 도움이 되며, 스트레스를 일으키는 일들을 덜 위협적으로 더 긍정적으로 보게 한다.

⑤ 좋은 대인관계

웃음은 우리를 다른 사람들과 연결시킨다. 우리는 주변의 다른 사람들이 더 많이 웃을 수 있도록 도울 수 있고, 웃음의 효과를 실현할 수 있다.

> **TIP 일반적인 웃음의 효과**
>
> 1. **마인드 콘트롤 효과**: 웃으며 일하다 보면 자신의 기분까지 좋아진다.
> 2. **감정 이입 효과**: 웃는 나의 모습을 보는 타인의 기분까지 좋아진다.
> 3. **건강 증진 효과**: 웃음으로 인한 근육의 움직임과 체내 생성 물질은 건강과 깊은 상관관계를 가진다.
> 4. **신바람 효과**: 웃으며 즐겁게 일하면 더욱 의욕적으로 일할 수 있다.
> 5. **호감 효과**: 자신 있게 웃는 모습은 모든 사람에게 좋은 인상을 준다.
> 6. **실적 향상 효과**: 즐겁게 일하다 보면 업무 효율이 향상된다.

퍼스널 이미지 커뮤니케이션

3 좋은 표정 만들기

대부분의 사람들은 다른 사람들의 표정이나 말투에 민감하다. 하지만 정작 자신의 표정이나 말투에 대해서는 별로 신경을 쓰지 않고 있다. 자신감이 넘치고 밝은 표정을 짓는 사람들은 어딘가 안정적이고 편안해 보인다. 좋은 표정을 만들기 위해 노력하여 자신감을 가지고 대인관계에서 긍정적 성과를 내 보자.

눈의 근육 운동

눈은 여러 단계의 구조를 통해서 시각 정보를 뇌에 전달하는 기관이다. 인간은 서로 눈을 맞추어 교감을 한다. 눈은 웃지 않으면서 입꼬리만 올라가는 어색한 미소는 의외로 흔히 찾아볼 수 있다. 눈은 그 사람의 마음 상태를 그대로 반영하는 얼굴 부위로, 입의 표정만큼 눈의 표정도 관리해야 한다.

눈의 시선 처리는 정면을 향해야 하며, 측면을 바라볼 때는 고개를 돌려 옆을 바라보는 것보다 몸의 방향을 돌려서 몸이 놓여 있는 방향과 같은 방향으로 움직이는 것이 이상적이다.

① 편안한 자세로 조용히 두 눈을 감고 긴장을 풀어준다.
② 눈을 크게 뜨고 눈동자를 '왼쪽–위–오른쪽–아래' 방향으로 5회 회전시킨다.
③ 눈두덩이에 힘을 주어 꽉 감는다.
④ 다시 눈을 크게 뜨고 이번에는 눈동자를 '오른쪽–아래–왼쪽–위' 방향으로 5회 회전시킨다.

입의 근육 운동

입 주위의 표정은 인상 변화에 많은 영향을 준다. 예쁜 미소를 만들기 위해 매일 입술근을 단련시키면 입가의 주름도 방지할 수 있고 매력적인 입매와 입꼬리 모양을 만들 수 있다.

눈과 입이 함께 웃어야 호감 가는 표정을 지을 수 있으며 진정성이 느껴진다. 진정성 있는 미소를 짓기 위해서는 볼 근육을 수축하는 것이 매우 중요하다. 그리고 위 치아만 보여야 사고가 건전해 보이고 긍정적으로 보이면서 자신감이 느껴져 신뢰감을 줄 수 있다.

얼굴 전체 근육을 풀어서 웃는 얼굴을 만들어주기 위해서는 입 주위의 근육을 풀어 부드럽게 해야 한다. 입 주위의 근육은 각각 혼자 움직이는 경우가 없어 입꼬리만 올려도 최소 15개의 근육이 사용되어 자연스러운 운동 효과를 볼 수 있다.

① 입술을 뾰족하게 앞으로 내밀었다가 입가를 최대한 당겨 미소 짓기를 5회 반복한다.
② 입을 크게 벌렸다 다물기를 반복한다.
③ 입을 최대한 크게 벌려 또렷한 발음으로 천천히 '아~에~이~오~우~'를 몇 번 반복한다.

스마일 연출

얼굴은 선천적으로 타고난 것이지만, 아름다운 미소는 연습을 통해 충분히 연출할 수 있다. 하지만 자연스러운 미소는 하루아침에 만들어지는 것이 아니다. 평상시 틈틈이 거울을 보며 연습하는 것이 필요하다. 거울을 보며 나의 얼굴 표정을 체크하고, 밝은 미소가 생활화될 수 있도록 노력해야 한다.

스마일 라인(Smile Line)이란 웃을 때 위의 앞니의 가장자리를 연결한 선을 말한다. 스마일 라인은 부드러운 곡선을 이루면서 아랫입술에 평행할 때 가장 보기 좋은데, 이는 호감도에 가장 큰 영향을 미친다. 스마일 라인이 예쁘면 치아가 다소 비뚤어졌다 하더라도 드러나는 치아가 가지런해 단정하고 깨끗한 인상을 줄 수 있다. 우리는 행복과 사랑 그리고 건강을 위해 웃어야 한다.

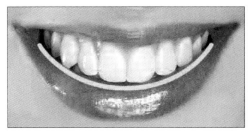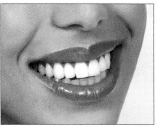

스마일 라인

① 호감을 주는 스마일 라인은 입꼬리가 올라가야 만들어진다.

② 윗니가 8개 정도 보이는 것이 좋지만, 치아의 배열이나 구강 구조에 따라 달라질 수도 있다.

③ 부자연스러운 미소는 오히려 역효과를 낼 수도 있으니 주의한다.

④ 입 주변을 자주 스트레칭한다.

⑤ 입꼬리가 입의 위치와 수평으로 있는 경우 억지웃음처럼 보일 수 있다.

⑥ 입꼬리가 아래로 처진 경우 나이가 들어 보인다.

> **TIP   예쁘게 웃는 법, 자연스러운 미소 만들기**
>
> **1. 안면 근육 풀어주기**
> '아~에~이~오~우~' 발음을 최대한 입을 크게 벌려서 각 소리마다 3~5초 정도씩 큰 소리로 한다.
>
> **2. 턱 근육 풀어주기**
> 턱을 좌우로 크게 움직이며 수시로 턱 근육을 풀어준다.
>
> **3. 입꼬리 부근 경혈점(지창) 맛사지 해주기**
> 입꼬리 주변의 혈점들을 손가락 2~3개 정도를 이용하여 원을 그리듯 수시로 맛사지를 해주면 혈점을 풀어주게 되어 자연스런 웃음이 나온다.
>
> **4. 긍정적인 생각 갖기**
> 자연스러운 미소가 나오기 위해서는 마음속의 근심 걱정을 없애야 한다. 늘 긍정적이고 즐거운 마음가짐을 가지고 있어야 자연스럽고 예쁜 미소가 나온다.

 정보마당

미인들에겐 스마일 라인이 있다

밝은 미소는 상대방의 마음을 편하게 만들어주고 한편으로는 전염성도 있어 이를 보는 사람도 미소를 짓게 한다. 그렇다면 아름다운 미소란 무엇일까? 어떤 미소가 우리에게 '저 사람의 미소는 정말 아름답다.'라는 탄성을 자아내게 할까?

이 공통분모의 핵심은 얼굴 전체의 조화라고 요약할 수 있다. 미소를 구성하는 주요소인 얼굴형을 포함하여 눈, 코, 입 위에 미소 띤 얼굴이 조화를 이루면 우리의 눈은 자연스럽고 아름다운 미소를 느낀다. 이것을 스마일 라인Smile Line이라고 부른다. 스마일 라인은 미소를 지었을 때 입술 잇몸과 치아가 이루는 선을 말한다.

가장 이상적인(아름다운) 미소는 다음과 같을 때 나온다.

① 치아를 연결한 선이 지면과 평행하거나 눈을 연결한 선과 평행해야 한다.

② 얼굴의 중심선에서 좌우가 대칭이어야 한다. 양쪽의 치아 수가 같아야 하는데, 특히 웃을 때 보이는 치아 수는 일치해야 한다.

③ 정면에서 보았을 때 치아 폭의 비율이 대문니(대문처럼 앞니의 가운데에 위아래로 두 개씩 있는 넓적한 이), 측절치(작은 앞니), 송곳니가 각각 1.6 : 1.0 : 0.6의 황금 비율을 이루고 있을 때이다.

④ 대문니의 경우는 높이와 넓이의 비율이 1 : 0.8일 때 이상적이다.

⑤ 치아의 절단연이 이루는 선으로, 주로 아랫입술의 곡선 주행을 따른다.

⑥ 잇몸을 연결한 잇몸선으로 불규칙한 잇몸 라인은 비심미적인 요소로 작용할 수 있다.

⑦ 부드러운 곡선형의 치아 절단을 꼽을 수 있다. 실제로 치아의 절단은 둥근 편이다. 네모난 치아는 각져 보이고 답답해 보이게 된다.

⑧ 초승달 모양의 잇몸 형태로 치아와 잇몸의 경계 부위기 편평한 것보다 초승달 모양일 때 더욱 심미적이다.

⑨ 미소의 폭경이다. 구각(입의 양쪽 구석) 부위로 갈수록 좁아지는데, 크게 웃었을 때 구각부에 검게 보이는 빈 공간이 없어야 한다.

(출처: 이코노믹리뷰 2015년 05월 05일, https://www.econovill.com)

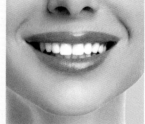

가장 이상적인 미소

ACTIVITY

좋은 이미지를 만들어 보자

1. 처음 대면하는 아주 짧은 시간에 상대방에 대한 평가와 결론을 내리는 것, 첫눈에 느껴지는 인상을 첫인 상이라고 한다. 이러한 첫인상의 특징과 중요성에 대하여 요약 정리하고, 지금까지 살아오면서 만난 사람 중 첫인상이 가장 좋았던 사람과 그렇게 생각한 이유를 적어 보자.

구분	내용
첫인상의 특징	
첫인상의 중요성	
첫인상이 가장 좋았던 사람과 이유	

2. 좋은 이미지를 만들기 위해서는 이미지의 요소, 즉 내적 요소인 인성을 기르는 것이 중요하며, 외적 요소 인 외모적 이미지와 행동적 이미지 그리고 언어적 이미지를 개선하는 것이 중요하다. 현재 나의 이미지 를 점검하고 어떻게 바뀌었으면 하는지 개선 방안을 마련해 보자.

구분		현재 나의 이미지	어떻게 개선하고 싶은가?
외모			
첫인상			
표정	눈		
	입		
웃음			

퍼스널 이미지 커뮤니케이션

커뮤니케이션의 이해

인간은 혼자서는 살아갈 수 없다. 태어나면서부터 나 아닌 다른 사람과 관계를 맺으며 살아간다. 그러한 관계가 처음에는 부모가 전부였으나 점차 형제자매, 친구, 직장 동료, 이해관계자 등으로 계속 확대된다. 이러한 과정에서 커뮤니케이션은 가장 중요한 인간관계의 도구로 작용한다. 사람들은 커뮤니케이션을 통해 서로 간의 사랑을 확인할 수 있고 애정과 결속력을 높일 수 있다. 그리고 서로에 대한 이해를 바탕으로 차이를 인정하고, 갈등을 해결하기도 한다. 이는 일부 동물에게서도 미숙한 형태로 나타나는데, 꿀벌의 움직임은 꽃이 있는 방향과 거리를 알려주는 표징으로 본능적인 커뮤니케이션 행위라고 할 수 있다.

현대 사회는 생활 공간이 지구 전체로 확산되고 있으며, 문화의 접촉은 빠르게 증폭되고 무한 경쟁으로 다가오는 상업화된 대중문화가 우리 고유문화를 소멸시키고 있다. 그리고 국내외적으로 정치, 경제, 사회가 복잡하게 얽혀 돌아가고 있으며, 급속한 기술의 발달은 하루가 다르게 우리를 어리둥절하게 만들기도 한다. 이러한 지식 정보화 사회에서 가장 중요시해야 할 것은 바로 커뮤니케이션 능력이다.

1 커뮤니케이션이란

우리가 인간관계를 맺고 사회생활을 해오면서 자주 접하게 되는 단어 중 하나가 커뮤니케이션이라는 말이다. 우리는 세상에 태어나 원하든 원하지 않든 다양한 곳에 소속되고, 많은 사람과 커뮤니케이션을 하면서 활동한다. 커뮤니케이션이란 단순한 의사소통을 의미하는 것이 아니라 상호 간의 동질성 있는 의사소통을 의미한다.

퍼스널 이미지 커뮤니케이션

커뮤니케이션의 개념

우리는 하루 중 거의 대부분의 시간을 커뮤니케이션을 하면서 보내고 있다. 이렇듯 일상생활에서 인간관계를 유지하는 중요한 수단인 커뮤니케이션은 인간이 삶을 영위하기 위해 외부적으로 나타내는 의사 표시라고 할 수 있다.

커뮤니케이션은 사람들끼리 서로 생각, 느낌 등의 정보를 주고받는 일을 말한다. 이는 말이나 글, 그 밖의 소리, 표정, 몸짓 등으로 이루어진다. 이러한 커뮤니케이션은 인간의 활동 중 꼭 필요한 것으로, 의사소통과 같은 맥락으로 볼 수 있다. 사회생활에서 매우 중요한 인간관계 역시 커뮤니케이션을 통해 이루어진다. 인간은 다른 동물에 비해 월등한 커뮤니케이션 능력을 지니고 태어났다. 그리고 누구나 커뮤니케이션을 더 많이, 더 잘하고자 하는 욕망을 가지고 있다.

커뮤니케이션(Communication)은 공통되는(Common) 혹은 공유한다(Share)라는 뜻의 라틴어 커뮤니스(Communis)에서 유래되었다. 이렇듯 커뮤니케이션은 결코 혼자 하는 것이 아니며, 누군가와 나누는 것임을 알 수 있다. 또한, 커뮤니케이션 없이는 공동체도 존재할 수 없다는 의미를 지니고 있다. 실제로 커뮤니케이션 없는 공동체 또는 공동체 없는 커뮤니케이션은 상상하기 어렵다.

커뮤니케이션은 가지고 있는 생각이나 뜻이 서로 통함이라는 의미를 지니고 있으며, 인간이 사회생활을 하기 위해서 가장 필수적으로 가지고 있어야 하는 능력이다. 그리고 사회생활을 성립시키는 조건이므로 원활하게 이루어지지 않으면 바람직하지 못한 결과를 초래한다.

커뮤니케이션의 특징

커뮤니케이션은 두 사람 또는 그 이상의 사람들 사이에서 소통 수단을 통하여 자신들이 가지고 있는 생각, 느낌과 사실, 감정, 의견, 정보 등을 전달하고 피드백을 받으면서 상호 작용하는 과정(Process)이다. 이는 가정, 학교, 직장과 같은 사회생활 전반에서 개인의 행복을 결정하는 중요한 도구이다.

커뮤니케이션은 한 사람이 아닌 두 사람 이상이 어떤 임무를 공동으로 수행하거나 서로 무엇인가를 주고받는 행위를 가리킨다. 이런 점에서 커뮤니케이션은 일종의 사회적 상호 작용 행위라고 볼 수 있다. 정지된 단순한 행위가 아니라, 시간의 경과에 따라 진행되며 나와 상대방이 상호 연결되는 일련의 행위이다. 이런 관점에서 커뮤니케이션은 다음과 같은 특징을 가지고 있다.

첫째, 복수의 사람들 사이에서 이루어지는 상호 작용이다. 인간이 세상을 살아가면서 타인과의 상호 작용은 필수 조건이다. 이 상호 작용의 매체가 다름 아닌 커뮤니케이션, 곧 사람들과 대화하는 능력이다. 이는 살면서 계발할 수 있는 가장 중요한 기술 중 하나이다.

둘째, 사람들은 이런 상호 작용을 통해서 서로가 의미를 공유하게 된다. 커뮤니케이션을 하는 목적은 다양하다. 처음 만난 사람끼리 대화를 통해서 친해지고자 하는 인간관계의 형성을 목적으로 하기도 하고, 조직의 효율적 업무 추진에 필요한 명령과 지시, 결재와 보고를 하기 위한 것일 수도 있다.

셋째, 사람들이 의미를 공유하기 위해 사용하는 수단인 상징(Symbol)은 다양하다. 가장 기본적이고 강력한 상징체계는 물론 언어이다. 언어를 발명한 덕분에 인간은 다른 동물들과는 비교할 수 없을 정도로 뛰어난 커뮤니케이션 능력을 확보하게 되었다.

> **TIP 커뮤니케이션의 특징**
>
> 1. 상호 이해를 목적으로 한다.
> 2. 다른 사람에게 의미를 전달하는 과정이다.
> 3. 언어적, 비언어적 상징을 통하여 전달된다.
> 4. 메시지(생각과 감정, 정보와 의견, 의미 등)를 교환하는 과정이다.
> 5. 사람들이 서로 간에 영향을 주고받으며, 서로를 이해해가는 과정이다.
> 6. 두 사람 또는 그 이상의 사람 사이에 생각, 감정, 태도, 신념, 사실 등을 전달하는 과정이다.

퍼스널 이미지 커뮤니케이션

2️⃣ 커뮤니케이션의 중요성과 기능

인간은 태어나면서부터 죽을 때까지 언제 어느 곳에서든 소통하지 않고는 살아갈 수 없다. 말을 주고받는 대화에서 시작해 문자 소통, 이메일 주고받기, 표정, 몸짓, 그림 그리기, 전화 통화, 영화 감상, 인터넷 활동 등 그 형태는 무제한적이고 다양하여 인간의 모든 행위는 커뮤니케이션을 수반한다고 할 수 있다.

커뮤니케이션의 중요성

인간은 사회적 동물이다. 우리는 가정, 각종 모임, 학교, 직장 등 크던 작던 어떠한 조직에 소속되어 있다. 인간은 생존을 위해, 더 나아가 자기 스스로의 자아 정체성 형성을 위해 사회를 구성하였고 타인과의 상호 작용을 통해 삶을 영위해나가고 있다. 그리고 이때 중요한 것이 바로 커뮤니케이션으로, 이는 우리 삶을 영위하는 데 있어 매우 중요한 역할을 한다.

사회적으로 커뮤니케이션은 사람들 간에 생각이나 감정 등을 교환하는 총체적 행위로 볼 수 있다. 인간의 커뮤니케이션은 구어나 문어 등의 언어적 요소뿐 아니라 자세나 얼굴 표정 등의 비언어적 요소 등을 통해 이루어진다. 이는 자신의 의사를 전달하고 감정을 표현함으로써 수많은 사람이 하나의 사회 내에 공존하며 상호 소통할 수 있게 만들어준다.

대인관계를 원만하게 유지하기 위해서 가장 중요한 것은 바로 커뮤니케이션 능력이다. 우리는 보통 커뮤니케이션은 '내가 하고 싶은 말을 상대방에게 제대로 전달하는 것'에 대해서만 생각한다. 하지만, 상대방과의 상호 작용이 무엇보다 중요하다. 대인관계에서 커뮤니케이션은 필수적이다. 대인관계의 출발과 유지에 커뮤니케이션만큼 중요한 것은 없다. 인간은 홀로 삶을 영위하는 존재가 아니라 사회적 존재로서 다양한 사람과의 상호 작용 속에서 도움을 주고, 도움을 받으며 생존해나가는 존재이기 때문이다.

대인 만남의 첫 단계는 형식적이고 의례적인 커뮤니케이션이지만 이것이 호감으로 이어질 경우 대인관계의 진전이 일어나게 된다. 커뮤니케이션은 대인 간 친밀도에 커다란 영향을 미친다. 그러나 친밀감의 표현이나 유형은 남녀 차이 혹은 문화적 차이에 따라 다르게 나타난다. 대인 커뮤니케이션은 인간에게 매우 필요하고도 소중한 것이다. 인간에게 대인 커뮤니케이션을 유발하는 동기는 즐거움, 애정, 소속감, 도피, 휴식 등이다.

커뮤니케이션이 한층 강조되는 것은 조직 경영에 있어서 그것이 사실 전달의 수단인 동시에 의미 전달의 수단이기 때문이다. 즉, 커뮤니케이션은 사실적 정보를 전달하는 역할을 할 뿐만 아니라 구성원들이 가지고 있는 정보 해석의 결과나 의미 그리고 문화적 가치관, 조직의 가치관 등을 조직의 구석구석에까지 전파하는 역할을 한다. 비록 공식적인 경로만을 통하는 것이 아니라 비공식적인 경로를 통하는 경우도 많지만, 의미와 가치 그리고 문화의 확산이야말로 커뮤니케이션의 핵심적 역할로서 그 중요성을 갖는다.

인간 삶의 본질인 커뮤니케이션은 인간관계의 결과로 구체화된다. 커뮤니케이션이 없는 인간관계란 존재하지 않을 뿐더러 한번 형성된 인간관계를 유지하고 발전시키는 과정에서도 커뮤니케이션의 역할은 그 어느 것과도 비교될 수 없다. 이처럼 커뮤니케이션은 인간 정체성과 타인과 관계 맺기, 나아가 공동체와 문화를 규정하는 탁월한 능력을 가진다. 커뮤니케이션이야말로 인간 존재의 집이며, 인간은 그러한 존재의 집에서 거주하는 의사소통의 존재이다.

TIP 커뮤니케이션의 중요성

1. 정보화 시대의 자본은 정보와 사람인데, 이러한 것들은 인간관계에서 비롯되며, 좋은 인간관계는 효과적인 커뮤니케이션에서 형성된다.
2. 더불어 사는 인간 사회에서 커뮤니케이션 없이는 어떠한 공동체도 형성할 수 없다.
3. 조직 경영과 관리는 커뮤니케이션에 의해 좌우된다.

커뮤니케이션의 기능

① 정보 전달 기능

커뮤니케이션은 개인과 집단 또는 조직에 정보를 전달해주는 촉매제 역할을 한다. 커뮤니케이션은 여러 가지 대안을 파악하고 평가하는 데 필요한 정보를 제공해줌으로써 의사 결정을 원활히 이루어지게 한다.

② 동기 유발 기능

커뮤니케이션은 조직 구성원들의 동기 유발을 촉진시키는 데 사용된다. 이는 조직 구성원들의 마음을 움직여 조직의 목표를 자신의 목표로 받아들이고 그것을 이루기 위해 열심히 노력하게 만들어준다. 조직 구성원이 해야 할 일, 직무 성과를 개선하고 달성하기 위해서 어떻게 해야 하는지, 다른 구성원들과 어떻게 협동해야 하는지 등을 구체적으로 알려주는 매개체 역할을 한다.

③ 통제 기능

커뮤니케이션은 조직 내 권력 구조와 공식 지침을 통해서 구성원들의 행동을 조정·통제하기도 한다. 즉, 조직 구성원들의 행동이 특정한 방향으로 움직이도록 통제한다. 이는 조직 운영에 있어서 필수적인데, 명확한 지침의 형태로 제시되지 않으면 커뮤니케이션의 오류가 발생하기도 한다.

④ 정서 기능

커뮤니케이션은 조직 구성원들이 자신의 감정을 표현하고 사회적 욕구를 충족시켜주는 역할을 한다. 구성원들은 자신이 속한 집단이나 조직에서 이루어지는 고충이나 기쁨, 만족감이나 불쾌감 등을 토로하게 된다. 의사소통을 통하여 자신의 심정을 표출하고 다른 사람들과의 교류를 넓혀 나가는 것이다. 서로 공감과 정서가 통하는 사람 간에 보다 친밀감을 가지게 되는 것도 커뮤니케이션의 기능에 따른다.

3 커뮤니케이션의 요소

커뮤니케이션은 모든 인간 행위의 핵심이며, 개인 행위, 사회 구조, 정치 행위, 예술 창작, 언어와 문화 등 인간사를 탐구할 수 있다. 서로 언어를 교환하는 커뮤니케이션은 발신인과 수신인 간의 의미를 전달하는 과정에서 많은 요소가 개입한다.

송신자와 수신자_커뮤니케이션 행위의 주체

커뮤니케이션 과정에서 송신자(Sender)는 과정을 시작하고 메시지를 전달하는 사람으로, 커뮤니케이션의 필요성을 느끼고 메시지를 준비하여 수신자에게 전달한다. 수신자(Receiver)는 메시지를 받는 사람이자 반응과 피드백을 보이는 사람으로, 송신자가 보낸 메시지를 보고 들은 후 감각적으로 해석하고 평가한다. 효과적인 커뮤니케이션을 위해서 송신자의 메시지가 정확하게 전달되어야 함은 물론, 수신자는 송신자의 메시지 의미를 정확하게 해석해야 한다.

메시지와 채널_행위의 도구

메시지(Message)는 송신자가 수신자에게 전달하고 싶은 정보이다. 전달하고자 하는 내용을 상호 간에 공통적인 상징체계를 이용하여 전달하게 된다. 채널(Channel)은 정보가 전달되는 통로가 된다. 이러한 상징체계인 언어를 어떻게 배열하고 표현하느냐에 따라 메시지의 의미가 다르게 전달될 수도 있다.

부호화와 해독화_커뮤니케이션 과정 내의 기능

부호화(Encoding)는 송신자가 메시지를 만들어내는 방법론이 되고, 반대로 해독화(Decoding)는 수신자가 메시지를 받아들이는 방법론이 된다. 전쟁이나 추리 소설에서만 암호 코드를 사용하는 것이 아니라 현재 우리가 만들어내는 모든 메시지들은

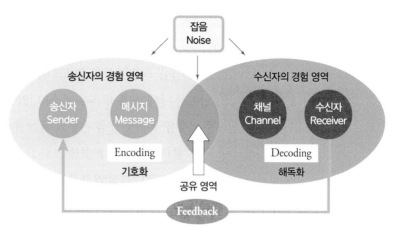

커뮤니케이션 과정 모형

일종의 암호이며 이 암호들은 저마다의 속뜻(발신자의 의도)을 담고 있다. 수신자가 이 암호를 해독할 능력이 된다면 발신자의 속뜻을 알아낼 것이고, 수신자의 성향이나 능력을 고려하지 않은 암호는 결국 껍데기가 되고 말 것이다.

반응과 피드백_커뮤니케이션 자체가 의도한 부가 효과

수신자는 메시지를 해독해서 받아들인다. 그리고 그 메시지에 부합하여 어떠한 행위를 한다(반응, Response). 그 행위가 발신자가 의도한 것이었다면 이번 메시지는 효과적이었다고 하고, 반대로 예상하지 않은 행위였다면 암호화 작업이나 메시지 자체가 잘못되었다고 할 수 있다(피드백, Feedback).

잡음_커뮤니케이션 과정의 효율성을 결정하는 외부 현상

모든 커뮤니케이션 과정 중에는 그 행위의 성공 확률을 저해하는 요소들이 있다. 크게는 환경적인 요소나 문화적인 요소들이 있을 수 있고, 언어적인 요소에 의해서도 생겨날 수 있다. 그리고 예측 불가능한 잡음(Noise)이 있을 수 있다.

4 이미지 커뮤니케이션의 유형

우리는 커뮤니케이션은 사람들끼리 서로의 생각이나 느낌 등의 정보를 주고받는 일이며, 이는 말이나 글, 그 밖의 소리, 표정, 몸짓 등으로 이루어진다는 것을 이미 학습하였다. 커뮤니케이션의 유형은 메시지 기호의 유형에 따라 언어적 커뮤니케이션과 비언어적 커뮤니케이션으로 구분할 수 있다.

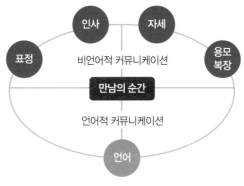

이미지 커뮤니케이션의 유형

언어적 커뮤니케이션

언어적 커뮤니케이션은 말과 글을 활용한 커뮤니케이션을 의미한다. 일반적인 대화는 언어적 커뮤니케이션이며, 상호 간에 말하기와 듣기를 통해 이루어진다. 언어는 단어만 만들어내는 도구가 아니며, 사람들 간 커뮤니케이션의 상호 작용을 도와 송신자와 수신자가 서로의 인식에 동참할 수 있게 한다. 모든 생각의 근원에는 언어가 있다. 그런 이유 때문에 언어는 인간의 사회 인식에 영향을 주며 인간은 언어로 판단하고 언어로 현실을 해석한다.

생각이나 느낌 등을 나타내기나 전달하는 데 쓰는 음성, 문자 등의 수단 또는 그 음성이나 문자 등의 사회 관습적인 체계를 언어라고 한다. 언어적 커뮤니케이션은 말과 문서를 이용해서 상호 간 의사소통을 하는 것이다. 탁월한 커뮤니케이션 능력을 소유한다면, 제한된 시간에 신뢰할 수 있고, 이해하기 쉬운 단어를 선택하여 정확하게 설명함으로써 상대방의 만족을 유도해내서 신뢰를 형성할 수 있다.

이러한 언어적 커뮤니케이션은 언어를 사용하는 커뮤니케이션으로, 말로 하는 구두적 커뮤니케이션과 문자나 글로 표현하는 문서적 커뮤니케이션이 있다.

① 구두적 커뮤니케이션

구두적 커뮤니케이션은 정보 및 의견을 전달할 때 가장 기본적이며 빈번하게 사용되는 사람들 간의 의사 전달 방법이다. 이러한 방법에는 대화, 전화 통화, 발표, 회의 등이 있다.

구두적 커뮤니케이션을 원활하게 하기 위해서는 말을 시작하기 전에 전달할 내용을 생각하고 상대방의 입장에서 이야기해야 효과적이다. 또한 메시지는 구체적이며 명료하게, 상대의 반응을 확인하면서 전달해야 한다. 음성적 소통이 가장 기본적인 방법이기는 하지만, 이때 얼굴 표정과 목소리의 높낮이, 몸짓 등을 함께 사용한다면 훨씬 효과적으로 의사를 전달할 수 있다.

구두적 커뮤니케이션의 장점으로는 신속성과 피드백, 강조하고 싶은 부분 반복 전달, 반응에 따라 말하기 조절 가능 그리고 서로의 모습 확인이 가능해 신뢰감 형성에 효과적이다. 단점으로는 거쳐야 하는 사람 수가 많을수록 메시지의 왜곡 현상이 발생할 수 있다.

한 조사에 따르면 조직 내에서 구두적 커뮤니케이션이 차지하는 비중이 30%에 달한다고 한다. 반면에 문서적 커뮤니케이션은 9%에 불과하다고 한다. 이처럼 차이가 나는 이유는 구두적 커뮤니케이션이 빠르고 정확하기 때문이다.

② 문서적 커뮤니케이션

문서는 주로 시간적인 제약 없이 반드시 기록을 남겨 두어야 할 때, 미래에 참조할 사안일 때, 메시지가 명확하며 공식적인 자료일 때 사용한다. 문서를 접하는 수신자가 가장 짧은 시간에 문서를 읽고 목표와 주제를 이해하고 실제 행동으로 옮길 수 있는 경우 성공적이 문서 작성이라고 할 수 있다.

직무 수행에서는 구두와 문서 어느 하나의 방법만 사용하기보다는 병행해서 커뮤니케이션하는 것이 바람직하다. 쌍방적 커뮤니케이션이 기본이기는 하지만 공식적인 기록이나 중요한 내용일 경우, 혹은 기록으로 반드시 남겨야 할 때는 문서에 의한 기록 방법을 사용한다.

문서 작성의 장점으로는 메시지를 영구적으로 보관할 수 있다는 점, 내용을 잃어버린다고 하더라도 필요할 때마다 읽을 수 있다는 점 등이 있다. 또한, 그 자리에서 말로 표현되고 사라지는 음성적 대화의 단점과 한계를 극복하고 보완하기 위한 방식이다. 구체적으로 보고서, 계약서, 공람 공고, 편지, 이메일 등이 있다.

반면, 글이나 문서의 읽기 능력이 부족한 사람에게는 전달되기 힘들며, 즉각적인 피드백이 어렵기 때문에 전달하고자 하는 부분이 정확히 전달되었는지 확인하는 데에 시간이 오래 걸린다는 단점이 있다.

비언어적 커뮤니케이션

사람들 간의 소통 방법으로 언어를 사용하는 언어적 커뮤니케이션을 보다 효과적으로 전달하기 위해서는 몸짓, 표정, 인사, 눈 맞춤, 자세, 용모와 복장 등의 비언어적인 커뮤니케이션 요소들의 활동도 매우 중요하다.

비언어적 커뮤니케이션 요소, 제스처

비언어적 커뮤니케이션은 인간의 자연 발생적인 표현 행동이며, 만국 공통으로 통하는 경우가 대부분이지만 예외는 있다. 인간의 커뮤니케이션은 결코 언어만으로 이루어지지는 않는다. 실제 비언어적 요소가 커뮤니케이션에서 차지하는 비중은 매

비언어적 커뮤니케이션 요소, 제스처

퍼스널 이미지 커뮤니케이션

우 높다. 앨버트 메라비언(Albert Mehrabian)은 언어적 커뮤니케이션(7%)보다 비언어적 커뮤니케이션(55%)이 더 중요함을 실증을 통해 강조하였다.

비언어적 요소로는 몸짓과 표정, 제스처와 같이 쉽게 떠올릴 수 있는 것 외에 음성의 어조와 강약 및 고저 등이 포함된다. 언어가 사실에 대한 정보 전달에 효과적이라면 비언어는 감정이나 느낌을 전달하는 데 효과적인 것으로 인식된다.

비언어적 커뮤니케이션은 사람 사이의 의사소통 중 직접적인 언어 표현을 제외한 것들을 가리키는 말이다. 시선 처리, 얼굴 표정, 손동작, 몸짓 언어, 거리 유지 등이 여기에 포함된다. 비언어적 커뮤니케이션은 의식적으로 하기도 하지만 무의식적으로 이루어지기도 한다.

피터 드러커(Peter Drucker)는 "커뮤니케이션 과정에서 가장 중요한 것은 언어로 전달되지 않는 것을 파악하는 것"이라고 하였으며, 홀(Hall, E.T.)은 "비언어적 커뮤니케이션은 말 없는 언어"라고 표현하였다. 이는 비언어적 커뮤니케이션의 중요성을 강조한 말이다. 이와 같이 커뮤니케이션은 반드시 말(Word, Language, Oral)을 사용해야만 하는 것은 아니라는 점이 비언어적 커뮤니케이션의 중요성이다.

> **TIP 비언어적 커뮤니케이션의 특징**
>
> 1. **모방이 쉽고 학습이 용이하다.**
>   타국의 문화를 이해는 데 중요한 척도가 되기도 한다.
> 2. **신념과 의지 또는 시간성을 표현하는 데 한계가 있다.**
>   '돌아오는 월요일 오후 2시 회의, 시간을 엄수해 주십시오.'라는 말을 비언어적 커뮤니케이션으로는 커뮤니케이션의 목적을 달성할 수 없다.
> 3. **신뢰할 수 있다.**
>   비언어적 커뮤니케이션의 요소를 주의 깊게 관찰하면, 말하는 사람의 정직성 또는 거짓을 대부분 알 수 있기 때문이다. 비언어적 커뮤니케이션 요소는 언어적 커뮤니케이션 요소보다 상대를 속이거나 거짓으로 표현하기가 어렵다.

 정보마당

커뮤니케이션과 메라비언의 법칙

타인에게 호감을 얻는 방법은 다양하지만 커뮤니케이션을 통한 방법이 가장 보편적이다. 지금 지휘관께 중요한 보고를 앞두고 있거나, 오랜만에 소개팅을 하러 가는 길이라고 가정해 보자. 상대방과의 대화를 이끌고, 호감을 얻기 위해 어떤 준비를 할 것인가? 아마 대부분은 무엇을 말할 것인지를 고민하지, 어떻게 말할지는 간과하기 쉽다.

미국 심리학자 앨버트 메라비언Albert Mehrabian은 1971년 자신의 저서 『침묵의 메시지』에서 '메라비언의 법칙'을 발표하였다. 이 법칙은 상대방의 호감도를 결정하는 데 있어 어떻게를 뜻하는 용모, 자세, 제스처 등 시각적 요소가 55%, 목소리, 톤, 호흡 등 청각적 요소가 38%를 차지한다는 것이다. 흔히들 커뮤니케이션에서 가장 중요한 요소라고 생각하는 말하는 내용, 즉 언어적 요소는 불과 7%만 영향력을 발휘할 뿐이다.

따라서 무엇을 말할 것인가에만 골몰하는 것보다는 비언어적 요소를 적절하게 활용하여 어떻게 말할 것인지도 고민한다면 더욱 효과적인 의사 전달이 이루어질 수 있다. 같은 말이라도 어떤 비언어적 요소가 동반되느냐에 따라 듣는 이는 의도를 다르게 받아들일 수 있다. 고마워라는 말을 웃으며 엄지를 치켜들며 하는 것과 눈을 흘기며 짜증 섞인 어투로 말하는 것은 같은 말임에도 분명 다른 의미로 해석된다.

상대방 말을 들을 때도 메라비언의 법칙은 유효하다. 눈을 마주치고 고개를 끄덕이거나 동조의 박수를 보내는 등 비언어적 요소의 활용은 상대방에게 너의 말에 귀를 기울이고 있다고 인식시켜 호감도를 높일 수 있다.

(출처: 국방일보, 2021년 12월 27일)

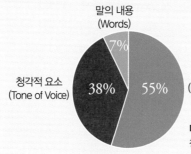

메라비언의 법칙: 한 사람이 상대방으로부터 받는 이미지는 시각이 55%, 청각이 38%, 언어가 7%에 이른다.

퍼스널 이미지 커뮤니케이션

2 효과적인 커뮤니케이션 스킬

요즈음 소통의 중요성이 그 어느 때보다도 강조되고 있다. 그만큼 개인적인 인간 관계나 사회생활에서 소통 없이는 좋은 결과를 기대할 수 없기 때문이다. 이미지 메이킹의 목적 중 하나는 커뮤니케이션 능력을 향상시키는 것, 즉 자신과 소통하고 상대방과 소통하고 세상과 소통하기 위해서이다.

아마도 커뮤니케이션 활동을 매일 하지 않는 사람은 거의 없을 것이다. 이는 자신에 대한 멋진 이미지를 형성하고, 진솔한 감정을 드러내고, 자신의 생각을 표현하여 중요한 결정을 내리기 위한 것이다.

소통을 원활하게 하는 표현 방법을 선택할 때 상대방의 수준도 고려해야 한다. 상대방의 나이나 눈높이, 의식 수준에 따라 표현 방법이 달라져야 하는데, 그것이 바로 코드를 맞추는 것이고 곧 상대방의 마음을 파고들기 때문이다. 그러기 위해서는 만나는 상대방에 대해 관심을 가져야 한다. 상대의 의식 수준과 관심거리는 무엇인지, 그 상대가 원하는 것이 무엇인지를 알아야 코드를 맞출 수 있다. 그것이 바로 상대방의 마음을 열고 소통의 길로 들어가는 이미지 커뮤니케이션의 기본이다.

개인마다 소통 방법과 기준이 다르다. 그리고 커뮤니케이션의 패턴과 스타일도 다르다. 나와 소통하는 상대방 또한 자주 바뀌게 된다. 주변 환경과 상황 또한 정해진 바 없이 바뀌게 된다. 이러한 상황에서 타인과의 소통을 살리기 위해서는 상대방이 원하는 것을 내가 맞추어주는 것이 최선의 방법이다. 그로 인해 내가 원하는 것을 내가 원하는 방식으로 이끌어갈 수 있다. 이렇게 맞추고 이끌어가기 위한 커뮤니케이션 스킬은 하루아침에 이루어지는 것이 아니다. 부단한 연습과 훈련이 필요한 부분이다.

1 대화의 개념과 원리

대화의 개념

우리는 일상생활에서 두 사람 또는 그 이상의 사람이 모여 말로 생각한 느낌을 표현하고 이해하는 상호 교섭적 활동을 많이 한다. 이와 같이 마주 대하여 이야기를 주고받는 것을 대화라고 한다. 우리의 삶 속에서 원활한 인간관계를 위해 또는 비즈니스의 성공을 위해 누구에게나 꼭 필요한 것이 대화이다.

대화는 말하는 사람과 듣는 사람 사이에서 벌어지는 가장 일상적인 의사소통 행위로, 정보나 정서를 단지 서로 주고받는 것만이 아니라 대화를 진행하면서 새로운 의미를 함께 형성해나가는 것이다. 대화의 상황과 대상, 목적에 맞게 말을 할 때 원활한 대화가 이루어진다.

① 상황: 언제, 어디서, 누가, 누구에게 말하는가?
② 대상: 무엇 혹은 누구에 대하여 말하는가?
③ 목적: 무엇 때문에, 왜 말하는가?

대화의 원리

원활한 의사소통은 원만한 인간관계 형성을 위해 가장 필요한 것이다. 원활한 의사소통과 원만한 인간관계 형성을 위해 서로를 존중하는 대화의 원리가 필요하다.

① 공손성의 원리(정중 어법)

공손성의 원리란 대화할 때 상대방을 배려하고 존중하면서, 공손하고 예절 바르게 말해야 한다는 것이다. 공손성의 원리에는 6가지의 격률이 있는데, 이는 나이가 어린 사람만 따라야 하는 것은 아니며, 남녀노소와 상관없이 이 원리에 따라 대화해야 한다.

공손성의 원리_6가지 격률

격률	요령	내용
겸양의 격률	겸손하게 말하는 요령	스스로를 낮추어 겸손하게 말하라.
관용의 격률	내 탓으로 돌려 말하는 요령	문제를 자신의 탓으로 돌리는 표현을 하여 상대방이 이를 너그럽게 받아들이도록 말하라.
동의의 격률	동의하며 말하는 요령	서로 의견이 다를 때, 차이점을 말하기보다 일치점을 강조하며 말하라.
요령의 격률	부담스럽지 않게 말하는 요령	상대방에게 부담이 되는 표현 대신 이익이 되는 표현을 하라.
찬동의 격률	칭찬하며 말하는 요령	다른 사람에 대한 비방을 최대한 줄이고 칭찬을 많이 하라.
공감의 격률	동정하며 말하는 요령	자신과 다른 사람 사이의 반감은 최소화하고, 공감은 최대화하라.

② 순서 교대의 원리

순서 교대의 원리란 대화 참여자가 서로 적절하게 순서를 교대해가면서 말을 주고받아야 한다는 것이다. 대화에 정해진 순서는 없지만, 대화의 흐름을 잘 살피고 교대 시점을 잘 선택해서 대화를 시도해야 한다.

③ 협력의 원리

협력의 원리란 대화 참여자가 대화의 목적에 최대한 기여할 수 있도록 서로 협력해야 한다는 것이다. 듣는 사람이 요구하지 않은 정보를 불필요하게 많이 제공하거나 대화의 목적이나 주제에 맞지 않는 내용을 말하는 것은 바람직하지 않다.

협력의 원리_4가지 격률

격률	내용
관련성의 격률	대화의 주제나 목적과 관련된 말을 하라.
양의 격률	대화의 목적에 필요한 만큼의 정보를 제공하라.
질의 격률	타당한 근거를 들어 진실된 정보만 제공하라.
태도의 격률	모호성이나 중의성이 있는 표현을 피하고, 간결하고 조리 있게 말하라.

2 상대의 마음을 여는 대화법

우리는 살면서 '저 사람하고는 대화가 잘 안 통해.'라는 말을 가끔 하고, 또 듣는다. 부부간의 대화는 어렵다고 한다. 그 이유는 남녀의 대화 방식이 다르기 때문이라고 하는데, 여자는 감정 확대형 대화법을 사용하는 대신, 남자는 결론 도출형 대화법을 사용해서 그렇다고 한다. 대화가 어려운 것은 어디 이뿐이겠는가? 서로가 공감하는 대화는 어떻게 이루어지는 것일까?

귀 기울여 경청하기

대부분의 사람들은 이 세상을 살아가면서 서로 말을 주고받는 대화로 가장 많은 의사소통을 한다. 보통 대화에서 중요한 것은 말하기라고 생각하기 쉽지만, 사실은 상대방의 말을 귀 기울여 잘 들어주는 듣기도 매우 중요하다. 상대의 이야기에서 사실뿐만 아니라 그 속에 들어 있는 감정까지도 귀 기울여 들어줌으로써 상대가 자신의 감정을 인정하는 법을 배울 수 있도록 도와주어야 한다.

효과적인 대화를 위해 가장 우선시해야 할 것은 바로 적극적 경청(傾聽, Active Listening)이다. 우리의 입은 하나이고 귀가 둘인 이유는 입으로 말하는 것보다 귀로 들으라는 의미일 것이다. 적극적인 경청이란 말하는 사람이 전달하고자 하는 바를 완전히 알아듣고 이해하는 것을 말한다. 다시 말하면, 듣는 사람이 말하는 사람에게 완전한 집중력을 제공하는 것을 의미한다.

우리는 상대와 눈을 마주침으로써 적극적인 경청의 자세를 보여준다. 또한 주의를 기울이고 있다는 뜻을 전달하기 위해서 고개를 끄덕이기도 한다. 게다가 상대를 격려해주기 위해서 주기적인 추임새를 넣기도 한다.

효과적인 의사소통 기술은 단지 강력한 메시지를 배양하는 것만은 아니다. 신중하고 강력한 경청자가 되는 것이 중요하다. 상대방의 말을 잘 들어주는 데도 기술이 필요하다. 좋은 인간관계를 만들어주는 경청 방법을 알아본다.

① 관심을 가지고 주목하자

말하는 사람은 듣는 사람의 태도에 영향을 많이 받는다. 말하는 사람의 눈도 마주치지 않고 딴짓을 한다든지, 상대방의 말이 미처 끝나지도 않았는데 말을 끊는다든지 하면 말하는 사람은 진심을 꺼내 보이는 것을 주저하게 된다. 따라서 듣고 싶은 말만 듣고 집중하지 않거나 대화를 중단하는 일이 없도록 주의해야 한다. 또 대화 도중에 틈틈이 대화 내용을 간추려서 상대방의 말을 제대로 이해했는지 확인해주는 것도 필요하다.

② 함부로 예측하지 말자

상대방의 말에 진심으로 귀를 기울인다는 것은 상대방이 이야기하는 것을 있는 그대로 들어준다는 것을 뜻한다. 따라서 자신이 듣고 싶은 말을 기준으로 삼고 상대방의 말을 걸러서 듣거나 상대방의 입에서 나올 것이라고 생각하는 말을 예측해서는 안된다. 또한 상황이 별것 아닌 것 같아 보여도 그 상황을 과소평가하는 행동도 좋지 않다.

③ 상대방의 메시지를 파악하고 이해하자

전체적인 맥락에서 내용을 이해하며 듣고 말하고자 하는 핵심 내용을 파악하라. 그리고 자세, 몸의 움직임, 얼굴 표정 등 비언어적 메시지를 이해한다. 또한 목소리의 톤, 음률의 고저, 어조, 강약, 쉼, 침묵 등의 음성을 관찰한다.

④ 적절한 질문을 하자

대화 주제에 깊게 파고들기 위해서는 상대방의 말을 간추리는 것에서 더 나아가 질문을 하는 방법이 있다. 상황을 객관적으로 보고 상대가 결정할 수 있도록 질문을 하는 것도 좋은 방법이다. 그래야 상대방이 자신의 문제에 대한 답을 스스로 구해나갈 수 있다. 나의 의견을 내세우는 것보다 상대방이 스스로 생각해 해결 방법을 찾을 수 있도록 유도하는 것도 경청을 잘하는 방법이다.

Chap **04**
113

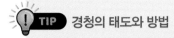

TIP 경청의 태도와 방법

1. 상대방을 향해 바른 자세를 취한다.

2. 마음을 열고 진지하게 듣는다.

3 가끔 상대방 쪽으로 몸을 기울인다.

4. 따뜻하고 관심 어린 눈길로 바라본다.

5. 편안하고 자연스러운 표정과 자세를 취한다.

6. 즉각적인 언어적 반응(아~!, 그랬구나, 저런!)이나 비언어적 반응(눈 맞추며 깜빡이기, 고개 끄덕이기 등)을 해준다.

모두가 행복하게 공감하기

아리스토텔레스가 "인간의 삶의 목적은 행복"이라고 말했듯이, 사람은 누구나 행복하게 살고 싶어 한다. 행복의 조건은 다양하고 사람마다 다르지만 반드시 필요한 조건이 있다. 그것은 좋은 대인관계이다. 좋은 대인관계란 서로 존중하고 인정하는 평화로운 관계이다. 대인관계가 좋으려면 의사소통이 잘되어야 하고, 의사소통이 잘되려면 공감 능력이 있어야 한다. 즉 행복의 필수 조건은 공감 능력이다. 그러면 공감 능력이 무엇이며 어떻게 하면 기를 수 있을까?

대화가 원만하고 효과적으로 이루어지기 위해 반드시 필요한 것이 공감이다. 공감(共感, Empathy)이란 남의 감정, 주장 등에 대하여 자기도 그렇다고 느끼는 것으로, 듣는 사람이 말하는 사람과 같은 수준에서 느끼는 것을 말한다. 즉 듣는 사람이 말하는 사람의 세계로 들어가서 상대방의 눈으로 보고, 상대방이 생각하는 대로 생각하고, 상대방이 느끼는 대로 느껴서 그 느낌을 말로 표현하는 것이다.

공감을 잘하기 위한 전제 조건은 경청이다. 경청은 상대방의 말을 귀 기울여 듣는 것을 가리키는데, 들리는 말만 그냥 듣는 것이 아니라 들리지 않는 마음의 소리까지도 적극적으로 듣는 것이다. 공감하기 위해서는 감정 이입을 하면서 들어야 한다. 그러기 위해서는 질문을 하고 흥미를 가지며 관심을 표현해야 한다. 그리고 주의를 기

TIP 공감할 때 주의해야 할 사항

1. 이해하는 척해서는 안된다. 솔직하라. 제대로 못 들었으면 다시 말해 달라고 하라.
2. 반응 없이 있어서는 안된다. 침묵은 오해할 소지가 있다.
3. 가능한 한 질문을 삼가야 한다. 잦은 질문은 상대방의 주의를 흐트러지게 한다.
4. 상투적인 말을 사용하지 말라. 어색함이나 저항감을 느끼게 한다.

울이며 들은 바를 기록하는 것이 좋다. 무엇보다 상대방으로부터 느낌을 직접 받아들여 상대방에게 상대방과 자기가 서로 통한다는 느낌을 주어야 한다.

몸짓 언어 최대한 활용하기

음성 언어나 문자 언어에 의하지 않고 몸짓이나 손짓, 표정 등 신체의 동작으로 의사나 감정을 표현·전달하는 행위를 몸짓 언어라고 한다. 즉 승리를 나타낼 때 손가락으로 V자를 만드는 동작 등을 함으로써 말을 하지 않고도 신체 동작이나 신호를 사용하여 자신의 감정이나 사상을 외부로 전달하는 상징적인 동작 언어이다. 요즈음에는 보디랭귀지(Body Language)라는 말로 더 익숙해져 있다.

의사소통은 언어와 비언어 두 가지의 요소를 통하여 이루어진다. 이중 몸짓, 표정, 태도 등과 같은 비언어적 요소는 전체 의사소통 교류의 65%가 이루어진다.

① 몸짓은 가장 정직한 언어

대화에서 몸짓은 가장 기본적이자 효과적인 커뮤니케이션 수단이다. 몸으로 하는 말은 직접적이고 감성적이고 본능적이다. 몸은 거짓말을 하지 않는다. 아무리 숙련된 거짓말쟁이라고 할지라도 그 사람의 몸짓은 속마음을 드러낸다. 우리는 대화를 하면서 한 번쯤 이런 생각을 해본 적이 있을 것이다. '저 사람 말할 때 동공이 떨리는 것을 보니, 분명 거짓말을 하고 있군. 저 사람 다리를 떨고 있어, 지금 상황이 불안한

가?' 바로 주변 사람들의 행동을 관찰하며 그 사람의 감정을 짐작할 수 있다.

인간은 자신도 모르는 사이에 자신의 속마음에 대한 신호를 끊임없이 내보낸다. 그렇기 때문에 이 신호를 재빨리 포착하고 제대로 해석하는 능력을 가졌다면 그 사람은 인간관계에 있어서 최강의 무기를 가진 셈이다. 인간관계에서뿐만 아니라 면접과 협상에서도 말은 잘못하더라도 자신감 있는 모습을 의도적으로 보여주어 호감을 살 수 있을 것이다. 이처럼 인간의 모든 사소한 행동에는 지금 그 사람이 어떠한 상황에 놓여 있는지 말해주는 단서가 숨어 있다.

② 백 마디 말보다 한 번의 제스처

백 번 듣는 것보다 한 번 눈으로 보는 것이 낫다. 이것은 불확실성을 확실하게 줄여주기 때문이다. 백 마디 말보다 필요한 한 번의 몸짓, 몸가짐, 제스처도 마찬가지이다. "자신 있느냐?"라는 물음에 백 마디 말보다 더 효과적인 것은 '주먹을 불끈 쥐어 보이는 것'이다. 조직에 가득한 불만을 한 번에 해소할 수 있는 것은 리더의 한바탕 웃음이다. 여러 위안이나 격려보다 하이 파이브(High Five) 한 번, 포옹 한 번이 더 효과적일 때도 있다.

자신감 가지고 전달하기

말을 잘하는 사람, 매력이 넘치는 사람, 함께하고 싶은 사람······. 이런 사람들은 말을 자신감 있게 하는데, 대부분의 사람들은 이런 사람들을 보면 부럽다는 생각이 들 것이다. 이렇게 가정, 학교, 직장 등 모든 관계 속에서 자신의 감정을 잘 다스리며 당당하게 행동할 수 있게 하는 자신감은 어디에서 오는 것일까?

① 심호흡을 하자

심호흡을 통해 긴급 상황 시 빠른 방어 행동을 하며, 문제 해결 반응을 보이기 위한 흥분된 생리적 상태에서 벗어나고 침착함을 되찾을 수 있다. 지금 자신감이 없다

하더라도 심호흡을 해서 몸을 진정시켜라. 예를 들어 직장 인터뷰에 들어가는 것이 긴장된다면 심호흡을 10회 반복해 침착한 반응을 되찾아라. 먼저 4초 동안 숨을 들이쉬고, 4초 동안 멈춘 다음, 4초 동안 숨을 내쉬어라. 몸의 긴장이 풀린 것을 느낄 것이며, 다른 사람들이 보았을 때는 당신이 더 자신감 있게 보일 것이다.

② 외모를 가꾸자

사람들은 종종 다른 사람의 외모를 보고 빠르게 판단을 한다. 따라서 자신감 있게 행동하기 위해서는 옷도 그렇게 입어야 한다. 외모를 진지하게 보이게 하기 위해 노력하면 자신의 요구에 대해 진지한 사람처럼 보일 수 있다. 외모가 아름다워지면 내면의 자신감이 생긴다. 아름다워진 나의 모습을 보며 나를 더 아끼고 사랑하게 되면서 자신감 있는 말하기를 할 수 있다.

③ 올바르게 말하고 듣자

자신감 있는 사람들은 필요 이상으로 말하거나 수다를 떨지 않는다. 그들은 항상 다른 사람의 말을 경청하고 올바른 태도로 적절한 존칭과 호칭을 쓰며, 고운 말씨 등 언어 예절을 지키며 상황에 맞는 적절한 언어 표현을 한다. 계속 자신에 대해서만 말하지 않으며, 칭찬은 감사하게 받아들이고 충고는 겸허히 받아들인다.

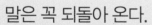

말은 꼭 되돌아 온다.

그것이 욕이건 칭찬이건…
내 입 밖으로 나갔다면
이띤 형태로든
나에게 되돌아
오게 된다.

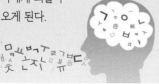

우리는 늘
"그 말을 하지 말았어야 했어."
라고 하며
실언에 대해 후회할 뿐
시간이 흘러도 고치지 못한 채
말 실수를 반복한다.

언어 표현 시 기억해야 할 것

④ 확신에 찬 모습으로 대화하자

다른 사람과의 대화를 정직하고 간결하게 하는 것은 어떤 상황에서든지 당신의 자신감을 북돋아줄 것이다. 또한 당당한 모습으로 대화를 하게 되면 말하는 사람과 듣는 사람의 권리를 보장해주기도 한다. 그리고 대화에 참여한 모든 사람이 서로 이해하여 협력 관계를 형성하고 있다는 것도 보장하게 된다. 즉, 모두가 모두의 의견을 존중하며 해결책을 찾으려고 노력한다는 것이다.

⑤ 보디랭귀지를 적극 활용하자

자신감 있는 사람들은 곁에서 보았을 때 긴장하거나 불안한 것처럼 보이지 않는다. 보디랭귀지에 약간의 변화를 주어 생각이 어떻든 자신감 있게 자신을 드러내는 것이 좋다. 이때 등과 어깨를 펴고 상대방과 시선을 마주치며 대화해야 한다. 또한, 긴장을 풀고 몸 자세를 바르게 하는 것이 중요하다.

⑥ 신중하고 명확하게 말하자

모두가 잘 들리게, 자신감 있는 목소리로 말하라. 목소리가 소심하거나 흔들린다면 자신감이 결여되었다는 것을 뜻한다. 또한 말을 빠르게 한다면, 다른 사람들에게 들을 시간을 주지 않겠다고 하는 것과 같다. 그리고 군더더기 말은 사용하지 않는 것이 좋다. "음~"이나 "어~", "에~" 같은 말은 최대한 사용하지 않는다.

⑦ 자신을 비판하지 말자

내가 나를 대하는 것만큼 타인도 나를 대한다. 내가 만약 항상 자기 비하만 한다면 다른 사람들도 나를 그렇게 비하할 것이다. 따라서 자기 존중하는 모습을 보이는 것은 다른 사람들에게 그 이하의 취급은 허용하지 않겠다고 말하는 것과 같다. 예를 들어, 다른 사람들에게 "나의 헤어스타일이 싫다."라고 말하지 말고, 나의 외모에서 좋아하는 부분을 찾아 거기에 집중하라. 아니면 헤어스타일을 바꾸어 부정적인 생각을 긍정적인 이미지로 변화시키라.

3 말하기 이미지

음성 이미지

우리가 사람을 처음 만나면 눈에 보이는 외적 이미지로 사람을 평가한 뒤, 곧바로 음성 이미지까지 접목시켜 그 사람의 전체 이미지를 평가한다. 음성의 색깔, 음의 고저, 말의 빠르기 등은 상대방의 상태를 파악하는 중요한 도구이므로 지속적인 관리가 필요하다.

사람의 타고난 음성의 색깔은 바꿀 수 없지만, 음성의 분위기와 태도, 빠르기 등은 훈련을 통해 바꿀 수 있으므로, 음의 결을 다듬는 노력이 필요하다. 사람의 목소리는 각인각색의 다양한 특색이 있어 목소리만으로도 그 사람의 성격이나 인격, 직업까지도 파악할 수 있는 도구가 된다. 사람은 목소리에 따라 이미지가 달라진다. 모두 원하는 목소리가 있겠지만, 가장 중요한 것은 먼저 자신의 목소리를 사랑하는 것이다.

좋은 울림통을 가지고 태어난 사람이 있다. 보이스 이미지에서 소리의 울림은 왜 중요한 것일까? 소리의 울림을 공명이라고 한다. 울림은 진동이 있기 때문에 가능하다. 그리고 그 진동이 상대방의 귀에 도달하여 소리가 되어 들린다. 진동이 클수록 전달력이 높아지며, 소리를 울려야 상대방의 마음을 울릴 수 있다.

매력적인 보이스 메이킹

스피치는 내용도 좋아야 하지만, 그 내용을 전달하는 말하는 사람의 태도, 목소리에 따라 달라질 수 있다. 연구 결과에 따르면 스피치는 청각에 의존하는 것이기 때문에 같은 말이라노 녹소리에 따라 의사 전달 효과가 달라진다고 하며, 청중의 80% 이상이 말하는 사람의 목소리만으로도 그 사람을 판단한다고 한다. 그런데 말의 자신감은 정확한 발음에서 시작한다.

목소리 연기를 하려면 먼저 발음이 정확해야 한다. 목소리만으로 표정과 동작까지도 상상할 수 있게 하려면 무슨 말을 하는지가 정확하게 전달되어야 하기 때문이다. 발음을 잘하기 위해서는 정확한 발음을 들을 수 있는 귀가 열려 있어야 한다.

좋은 목소리란 어떤 목소리인가? 좋은 목소리의 특징으로는 밝은 목소리를 들 수 있는데, 이는 얼굴 표정과 관련이 있다. 그리고 복식 호흡에서 나오는 깊은 목소리와 따뜻한 마음에서 시작하는 따뜻한 목소리를 들 수 있다. 좋은 목소리를 만들기 위해서는 다음과 같은 노력이 필요하다.

첫째, 자신의 말이 빠르다고 생각하는 사람이라면 평상시 말을 천천히 하는 습관을 기른다.

둘째, 가능한 한 편안하고 차분하게 말을 이어나가야 하며, 입술과 혀 그리고 턱을 가볍게 움직이는 것이 좋다.

셋째, 불필요한 동작을 삼가는 연습을 한다. 말을 하면서 지나치게 어수선한 동작을 취하는 사람들이 있다. 목소리가 떨리는 것을 감추기 위해 눈을 깜빡이거나 손으로 입을 가리는 등의 동작을 하는 경우가 있다. 이러한 동작들은 스피치를 방해하며, 듣는 사람에게도 좋은 인상을 줄 수가 없다.

다섯째, 복식 호흡으로 발성하는 것이 좋다. 복식 호흡은 흉부 호흡보다 폐활량을 더 확보할 수 있다. 그래서 성대로 가해지는 공기 압력이 높아져 성대가 힘들지 않고 발성하기 때문에 소리가 쉽게 나오게 되며, 듣는 사람도 편안하게 느껴진다.

> ### TIP 발성과 호흡
>
> 발성은 날숨에 의해 성대를 진동시켜 목소리를 만들어내는 것으로, 발성에서 가장 중요한 부분은 호흡이다. 자신에게 잘 맞는 톤을 찾아서 복식 호흡을 해보자. 다음 과정을 수시로 연습하고 습관화하는 것이 좋다.
>
> 1. 숨을 천천히 들이마신다(아주 천천히 배로 모은다는 느낌으로).
> 2. 숨이 거의 다 모아졌을 때쯤 순간 배에 힘을 주면서 숨을 멈춘다.
> 3. 얼굴이 빨개질 때까지 참는다(절대로 목에 힘이 들어가지 않게).

4 성공적인 프레젠테이션

프레젠테이션의 개념

프레젠테이션(Presentation)이란 시청각 자료를 활용하여 사업이나 프로젝트 등의 계획과 절차를 분석적으로 발표하는 것을 말한다. 프레젠테이션의 목적은 주제에 대한 단순 정보 전달이 아니라, 문제를 분석하고 관련 자료를 체계적으로 정리하여 제한된 시간 내에 청중에게 설명하거나 설득하는 활동이다. 발표 중에서도 특히 시청각 자료를 활용한 말하기를 프레젠테이션이라고 한다.

프레젠테이션의 기본 원칙은 대화이다. 내가 누군가와 대화를 하고 있다고 생각해 보자. 상대방이 말을 할 때 벽을 보고 말을 한다던지, 가져온 자신의 노트를 뚫어져라 보면서 말하고 있다면 당신의 기분은 어떻겠는가? 아마도 나쁠 것이다.

대화할 때 내 눈을 정확히 응시하는 사람을 보고 있으면, 어느 순간 나도 모르게 집중하게 될 것이다. 그런 응시에는 자신감, 진지함이 묻어 나온다.

프레젠테이션은 지식의 전달이라기보다 청중과의 대화라고 보는 것이 옳다. 왜냐하면 지식을 전달하는 프레젠테이션이라면 청중이 집중할 수 있는 최대 시간은 고작 5분을 넘기기 어렵기 때문이다. 하지만, 청중과 지속적으로 소통하는 프레젠테이션이라면 5분을 넘겨 1시간이면 어떻겠는가?

성공적인 프레젠테이션

성공적인 프레젠테이션을 위해서는 다음 사항에 주목할 필요가 있다.

① 프레젠데이션 계획

프레젠테이션을 계획할 때는 말하기의 목적을 분명하게 확인하고, 청중을 분석해야 한다. 말하기의 목적이 설명인지 설득인지 등을 확인하는 것이다. 청중을 분석할 때는 청중의 요구, 지적 수준, 주제에 대한 개인적 견해 등을 고려해야 한다.

또한 발표 장소에 대한 이해도가 있어야 한다. 공간의 크기, 청중 수용 범위, 필요 장비의 배치 여부 등을 확인해야 한다. 특히 프레젠테이션의 경우 시청각 자료를 제시하기 때문에 필요한 장비가 발표 장소에 있는지, 컴퓨터나 멀티미디어 장비가 제대로 작동하는지 등을 중요하게 고려해야 한다.

프레젠테이션을 성공적으로 하기 위해서는 문제 분석 능력, 자료의 요약 능력, 매체 자료의 효과적인 사용 능력 등이 필요하다.

② 성공적인 프레젠테이션을 위해

첫째, 누구나 아는, 누구나 예측할 만한 식상한 이야기로 구성하면 흥미가 없다. 새로운 이야기를 구성하고 반전까지 담는 것이 좋다.

둘째, 내가 구성한 이야기가 의미 없는 이야기로 전락하지 않도록 주제와 연결시켜야 한다.

셋째, 이야기를 들은 뒤 청중이 스스로 느끼고 행동으로 옮길 수 있도록 교훈을 담아야 한다.

넷째, 청중에게 행동을 명령하거나 강조하지 말고 권유나 제안의 말을 해야 한다. 명령이나 강조는 거부 반응을 불러올 수 있으므로 청중 스스로가 결정할 수 있도록 발표자는 이끌어주는 역할을 해야 한다.

프레젠테이션의 귀재 스티브 잡스

프레젠테이션은 청중에게 설명하고 설득하는 과정

퍼스널 이미지 커뮤니케이션

나의 커뮤니케이션 능력을 알아보자

1. 우리는 하루 중 거의 대부분의 시간을 커뮤니케이션을 하면서 보내고 있다. 커뮤니케이션은 사람들끼리 서로 생각, 느낌 등의 정보를 주고받는 일을 말한다. 내가 지금까지 살아오면서 대인관계에서 커뮤니케이션에 실패해서 손해를 본 경험과 실패한 이유 그리고 실패 후 나의 커뮤니케이션 방법을 어떻게 개선하였는지 서술해 보자.

2. 나의 커뮤니케이션 능력은 어떻게 되는지, 다른 사람을 만나는 상황을 상상하며 체크해 보자.

	그렇다	아니다
01. 다른 사람을 만날 때 상대방과의 차이점을 인정한다.	☐	☐
02. 상대방에 대해 알고자 노력한다.	☐	☐
03. 상대방의 심정과 생각을 이해하고자 노력한다.	☐	☐
04. 상대방에게 나의 이야기를 잘한다.	☐	☐
05. 내가 말하기보다는 상대방의 이야기를 듣는 편이다.	☐	☐
06. 상대방의 이야기를 진지하고 깊게 듣는다.	☐	☐
07. 사람을 만날 때 의상과 외모에 신경 쓴다.	☐	☐
08. 말할 때 제스처를 사용한다.	☐	☐
09. 말할 때 상대방과 눈을 맞춘다.	☐	☐
10. 부드러운 억양으로 말한다.	☐	☐
11. 막힘 없이 많은 이야기를 할 수 있다.	☐	☐
12. 다른 사람의 이야기 등 사례를 많이 말한다.	☐	☐
13. 말할 때 짜임새와 구조에 맞게 말한다.	☐	☐
14. 말하고자 하는 바가 명확하게 말한다.	☐	☐
15. 근거가 명확하고 논리적으로 말한다.	☐	☐
16. 자기의 주장을 반복해서 적절히 강조한다.	☐	☐
17. 사람을 만날 때 자기만의 매력을 보이려 노력한다.	☐	☐
18. 누군가를 만났을 때 상대방을 배려한다.	☐	☐
19. 누군가를 만났을 때 상대방에게 집중한다.	☐	☐
20. 말과 행동이 일치한다.	☐	☐

PART **2**

퍼스널 이미지 연출

Chapter 05

퍼스널 컬러 이미지

1 컬러의 이해

사람들은 이미지 변화 후 예뻐졌다거나 잘 어울린다는 칭찬을 들으면, 자신의 외모에 더 관심을 가지면서 적극적으로 변화하려고 노력한다. 이러한 이미지 변화에 큰 영향을 미치는 요소 중의 하나가 바로 색이다. 자신의 이미지를 변화시키고 호감가는 외모를 만들기 위해서는 색을 제대로 알고 사용하는 것이 중요하다.

같은 꽃이라 하더라도 파란 꽃과 붉은 꽃이 전달하는 느낌은 다르다. 색은 어떤 이미지 요소보다 강렬한 자극을 주기 때문에 신중하게 다루어야 하는 요소이다. 또 분위기나 뉘앙스를 전달할 뿐만 아니라 정보를 전달하는 역할을 하기도 한다.

1 색의 개념

색(Color)은 빛을 흡수하고 반사하는 결과로 나타나는 사물의 밝고 어두움이나 빨강, 파랑, 노랑 등의 물리적 현상을 말한다. 물체의 표면에 파장이 다른 빛이 반사하는 정도에 따라 시가 계통에서 감지하는 성질의 차이 때문에 나타나는 감각적 특성으로, 색깔, 색채, 빛깔 등으로도 불린다.

물체의 색은 모양과 더불어 사람이 바깥세상의 사물을 알아보는 데 중요한 역할을 한다. 물체에 빛이 비추어지는 상황에 따라 색이 달라져 보이는 것이나, 빛이 없으면 색도 없어지는 것으로 보아 색은 빛과 밀접한 관계가 있음을 알 수 있다.

인간은 자신이 겪은 경험이나 정보를 통하여 색을 연상하기 때문에 특정한 색에 대한 이미지는 사람마다 다르게 느껴질 수 있다. 따라서 색의 이미지를 이해하는 것은 색을 다양한 방면에 이용하는 데 많은 도움이 된다.

2 색의 3속성

색은 크게 무채색과 유채색으로 나누어진다. 흰색과 검은색 그리고 그 사이에서 생기는 모든 회색의 단계를 무채색이라고 한다. 유채색은 무채색 이외의 모든 색을 가리키며, 명도의 변화와 채도의 차이가 있다. 색상은 색을 구별하는 이름을 말한다. 유채색은 빨강, 파랑, 노랑 등과 같은 색상을 갖는 색채이다. 무채색은 하양, 검정과 같이 밝고 어두운 차이는 있으나 색상과 채도는 없다. 하나의 색은 색을 구분 짓는 색의 3속성인 색상, 명도, 채도를 동시에 가지고 있다.

색상

색상(Hue)은 색을 빨강, 노랑, 초록, 파랑 등으로 구분하게 하는, 색 자체가 갖는 고유의 특성이다. 빨강과 주황 등 따뜻한 느낌을 주는 난색(暖色)과 푸른 계열의 차가운 느낌을 주는 한색(寒色), 녹색이나 보라와 같은 중성색으로 나눌 수 있다. 일반적으로 색은 다른 색에 대비해서 보기 때문에 색의 밝기는 상대 색에 따라 다르게 보일 수 있으며, 정확한 색의 구분을 위해서 규격화된 색상환을 사용한다.

색상환이란 먼셀(Munsell) 색 체계를 기본으로 하며, 계통적으로 색을 둥글게 배열한 것이다. 빨강, 주황, 노랑, 연두, 녹색, 청록, 파랑, 남색, 보라, 자주의 10색상을 스펙트럼 순서로 같은 간격으로 배열하였다.

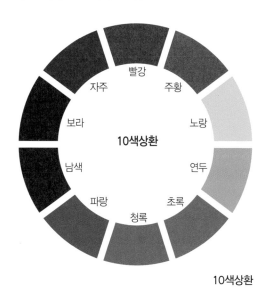

10색상환

명도

명도(Value, Brightness)는 빛의 반사율에 따른 색의 밝고 어두운 정도, 즉 색의 밝기를 나타내는 색의 속성이다. 흰색의 경우 모든 빛을 반사하여 하얗게 보이고, 검은색은 모든 빛을 흡수하여 어둡게 보인다. 어떤 색에 흰색을 더하면 명도가 높아지고 검은색을 더하면 명도가 낮아진다. 색의 3속성 중 사람의 눈이 가장 예민하게 반응하는 것은 명도이며, 그다음 색상과 채도 순으로 지각하게 된다.

명도 단계는 먼셀 색 체계에서 이상적인 검은색을 0, 이상적인 흰색을 10으로 정하고 그 사이에 단계를 넣는다.

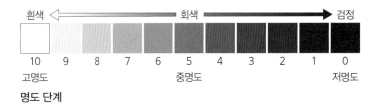

명도 단계

채도

채도(Chroma, Saturation)는 색의 강약과 선명한 정도를 말하며, 포화도라고도 한다. 어떤 색도 섞이지 않은 원색에 가까운 순수한 색을 순색이라 하며, 채도가 높다고 표현한다. 예를 들어 빨간색의 경우, 선명하고 강렬한 색감의 빨강은 채도가 높다고 표현하며, 흰색 등의 다른 색상과 섞여 색의 순도가 줄어들게 되면 채도가 낮다고 표현한다.

일반적으로 색이 선명하고 짙게 보이면 채도가 높다고 하고, 흐리게 보이면 채도가 낮다고 한다. 흰색, 검은색, 회색 등 무채색에 가까울수록 낮은 채도 값을 갖는다.

채도 단계

퍼스널 이미지 커뮤니케이션

3 컬러 이미지의 분류

색은 우리가 세상에 태어나면서부터 함께해 왔으며, 누구나 무의식적으로 색의 영향을 받으면서 살아가고 있다. 색은 이미지의 중요한 요소이며 상징과 연상의 다양한 의미의 메시지를 시각적으로 전달하는 매체이다. 색은 언어보다 빠르게 커뮤니케이션할 수 있는 힘을 가지고 있다.

수많은 색이 존재하지만 색이 주는 심리적, 상징적인 느낌은 보는 사람의 감정이나 어떻게 규정하는가에 따라 다르고, 느껴지는 연상 이미지 또한 모두 다르다. 그러나 각각의 색은 색 자체의 고유한 특성을 가지고 있어서, 각각의 색이 주는 연상과 상징성을 알아보고 그것을 개성적이고 매력적인 이미지로 연출하는 데 활용하면 좋을 것이다.

색상 이미지

① 빨간색(Red Color)

모든 색 중에서 시각적 반응을 가장 먼저 느끼는 색이며, 강하고 자극적인 색이다. 본능적인 감각과 정렬을 자극하는 색으로 에너지를 느끼게 하는 긍정적인 이미지를 갖는 반면, 공격적이며 분노를 상징하기도 한다.

레드 이미지

다른 색들과 조화를 잘 이루어서 중성색의 역할을 하기도 한다. 패션에서는 활동성과 기능성이 요구되는 캐주얼웨어에 많이 사용되며, 메이크업 시 입술이나 액세서리 등의 강조색으로 사용되기도 한다. 이미지 메이킹 시에는 섹시하고 강한 인상을 주고자 할 때 사용한다.

상징 이미지	정열, 활력, 생명, 사랑, 희망, 건강, 환희, 강렬함, 섹시함
실제 이미지	태양, 장미, 사과, 불, 피, 와인, 소방차, 우체통

② 분홍색(Pink Color)

부드럽고 달콤하며 섬세한 여성스러움을 상징하는 로맨틱한 색상의 대표 색상이다. 공격적인 감정을 진정시키고, 정서를 안정시키는 색이다. 서로 위로하는 관계, 서로 격려해 주는 관계 속에 분홍색을 두면 효과적이다.

여성스럽고 온화한 느낌이기 때문에 엄격해 보일 수 있는 모습을 완화시켜 주는 데 뛰어나다. 꽃향기를 연상시키거나 로맨틱한 이미지를 전달하기 때문에 여성을 상징으로 한 화장품이나 옷 등에 많이 사용된다. 고상함과 친밀감을 나타내면서 파티나 약혼식, 결혼식 후 신부 예복으로도 많이 쓰인다.

핑크 이미지

상징 이미지	사랑, 행복, 소녀, 달콤함, 가련함, 섬세함, 온화함
실제 이미지	진달래꽃, 벚꽃, 앵두꽃

③ 주황색(Orange Color)

사람들의 이목을 끌고 친밀감을 느끼게 하는 색이다. 오렌지, 비타민, 신맛 등을 연상시켜 식욕을 증진시키는 효과가 있다. 빨강, 노랑과 더불어 에너지를 나타내는 색으로, 따뜻하면서도 발랄한 이미지를 가지고 있다.

은은하고, 따뜻하며 사랑스러운 느낌을 주는 주황색을 선호하는 사람은 대부분 서비스 정신이 넘치는 사교적인 사람이 많다. 산업 현장에서는 안전 색채로 사용한다. 패션에서는 젊음을 상징하며, 생기 있고 빛나는 색으로 피부의 메이크업과 의상에 잘 어울린다.

오렌지 이미지

상징 이미지	활력, 풍부, 우정, 질투, 환희, 유쾌함, 따뜻함
실제 이미지	귤, 당근, 오렌지, 불꽃, 석양, 연어

④ 노란색(Yellow Color)

물감의 삼원색 중 하나로, 흰색 다음으로 밝은 기본색이다. 명랑함과 유쾌함을 일으키며 심리적으로 자신감이나 낙천적인 태도를 갖게 한다. 명시도가 높으며 화려하므로 시선을 집중시키는 효과가 있다.

귀여운 어린이들을 상징하는 색으로, 밝고 명랑한 분위기를 느낄 수 있어 아동복에 많이 쓰인다. 빛이 나는 노란색은 황금을 연상시키면서 부와 명예를 상징하기도 한다. 노랑은 심리적으로 자신감과 낙천적인 태도를 갖게 하며, 새로운 아이디어를 얻도록 도움을 준다.

옐로 이미지

상징 이미지	희망, 유쾌, 발랄, 행복, 주의, 호기심, 경솔
실제 이미지	태양(빛), 호박꽃, 해바라기꽃, 개나리, 병아리, 금

⑤ 녹색(Greene Color)

파란색과 노란색의 중간색으로, 자연을 닮은 생명력 있는 색상이다. 평화, 자연의 풍부함과 휴식을 주는 평온함의 이미지이다. 녹색을 좋아하는 사람은 온화하고 예의 바르며 사회성이 좋은 사람이 많다.

감정적 효과에 있는 중성색으로, 모든 색 중 가장 차분한 색이다. 의상에서는 다양한 연령층에서 활용되고 있지만, 편안한 스타일의 캐주얼웨어에 사용하면 효과적이다. 어두운 녹색은 여성용 재킷이나 드레스로 선택할 수 있으나, 밝은색일 경우 이너 웨어가 더 나을 수 있다.

그린 이미지

상징 이미지	침착, 생명, 평화, 봄, 젊음, 활기, 희망, 휴식, 건강
실제 이미지	풀, 잎, 잔디, 산, 배추, 자연, 시금치

⑥ 파란색(Blue Color)

전 세계적으로 선호도가 가장 높은 색상이다. 그러나 다른 색을 섞어 예쁜 파란색을 만들어 패션 조화를 시키는 일은 쉬운 일이 아니다.

차갑고 이지적인 느낌으로 모던하고 지적인 이미지를 연출한다. 패션에서는 젊음과 시원함을 표현할 수 있으며, 어두운 색은 도시적인 이미지를 나타낸다. 남성의 비즈니스 웨어로 가장 선호하는 색이다. 밝은색은 여름을 대표하는 의상으로 사용한다. 수축의 성질이 있어 날씬하게 보이고자 할 때 적절히 사용하면 효과적이다.

블루 이미지

상징 이미지	젊음, 청결, 고요, 신비, 냉정, 정적, 영원, 시원함
실제 이미지	바다, 하늘, 물, 호수, 해저

⑦ 보라색(Purple Color)

품위 있는 고상함과 함께 외로움, 천박함을 느끼게 하여 상반된 이미지를 동시에 느끼게 한다. 내면의 신비스러움을 표현하는 색으로, 패션에서 회색 톤 보라색은 우아하고 여성스러운 이미지를 표현하는 데 효과적이다.

푸른 기운이 많은 보라색은 장엄함, 위엄 등의 깊은 느낌을 주며, 붉은색 기운이 많은 보라색은 여성적, 화려함 등을 나타낸다. 예민한 감수성과 예술적인 감각을 나타내기도 하는데, 잘못 사용하면 촌스러워질 수 있기 때문에 이미지 메이킹 시 배색에 신경 써야 한다.

퍼플 이미지

상징 이미지	신비, 우아, 권위, 화려함, 고상함, 불안, 환상
실제 이미지	포도, 창포, 가지, 라벤더, 제비꽃, 와인, 자수정

⑧ 갈색(Brown Color)

검은빛을 띤 주황색으로, 우리가 흔히 밤색이라고 하며 나무 줄기나 흙을 표현하는 색이다. 민속적인 전통과 따뜻하면서 마음을 편하게 만드는 색이다. 중후하고 클래식한 매력을 주는 색으로, 어떤 일의 사고방식이 안정되어 있고 차분한 안정감을 주는 이미지이다.

비즈니스 자리에서 사용하면 차분함과 포용력을 어필할 수 있다. 특히 묵직한 힘을 강조하고 싶을 때는 강한 검정이나 빨강보다는 간접적인 갈색을 사용하는 것이 더 효과적이다. 자연스럽고 편안한 분위기를 연출하고 싶을 때는 베이지색도 좋다.

브라운 이미지

상징 이미지	소박, 침착, 안정, 보수적, 풍성함, 검소함
실제 이미지	흙, 커피, 단풍, 밤, 곡식, 토기, 대지, 낙엽

⑨ 흰색(White Color)

모든 빛을 반사하며 가장 밝고 가벼운 기본적인 색으로, 깨끗함과 순결의 상징으로 평화를 나타낸다. 영적인 능력, 정신력과 인간의 예지력을 나타내고, 감정의 정화와 일관성, 화합과 조화를 나타내기도 한다. 반대로 현실성 결여로 유약, 나약한 측면의 뜻도 담고 있다.

메이크업에서 가장 광범위하게 사용하는 색상으로, 섀도의 가장 기본이 되며 얼굴의 전체적인 입체감을 살리고자 할 때 사용한다. 기본직인 색 또는 상소를 위한 색으로 유행을 초월한 우아함은 영원하다.

화이트 이미지

상징 이미지	순수, 결백, 순결, 청결, 위생, 고귀, 신성
실제 이미지	눈, 웨딩드레스, 병원, 토끼, 설탕, 소금, 우유

⑩ 검은색(Black Color)

모든 빛을 흡수하며 색상, 채도가 없고 명도 차이만 있는 무채색이다. 명도의 기준으로 사용하며, 검은색에 가까울수록 명도가 낮다고 표현한다.

부정적인 상징이 강한 색이기는 하나, 의상에 많이 사용하며 강조의 효과를 준다. 다른 색과 배색하여 선명하고 강렬한 이미지로 표현할 수 있으며, 차분하고 엄숙한 분위기를 연출할 수 있다. 외형을 정돈시켜주고 체격을 축소시켜 보이게 하는 효과가 있어 비대한 사람에게는 좋으나 왜소한 사람에게는 어울리지 않는다.

블랙 이미지

상징 이미지	우아함, 신비, 권력, 절망, 침묵, 죄, 죽음, 불안, 공포
실제 이미지	숯, 상복, 먹, 까마귀, 연탄, 밤(Night)

⑪ 회색(Gray Color)

검정과 흰색이 갖는 상징의 혼합적인 의미를 부여할 수 있으며, 모든 사람에게 편안한 색으로 가장 대중적인 색이다. 안정적이고 부드러우며, 도시적이고 지적인 이미지를 준다. 특히 짙은 회색은 문명의 이기에 따른 현대적 이미지, 이지적인 과학성, 진지 문회의 상징이다.

다른 어떤 색과도 잘 어울리며, 특히 배색된 다른 색상을 돋보이게 하는 동조자 역할을 한다. 누구에게나 어울리기 때문에 의복과 메이크업에 많이 사용한다. 특히 비즈니스 슈트로 적당하다.

그레이 이미지

상징 이미지	지성, 과학, 호기심, 질서, 정밀, 중립, 우울
실제 이미지	구름, 제복, 재, 아스팔트

톤 이미지

① 톤의 개념과 분류

톤(Tone)은 색의 3속성 중 명도와 채도를 복합시킨 개념으로, 색의 명암, 강약, 농담 등의 색조를 말한다. 컬러가 색에 관한 개념이라면 톤은 이미지에 관한 개념이라고 할 수 있다. 즉, 어떤 톤이냐에 따라 색이 공간에 주는 이미지가 달라진다. 따뜻한 공간이 되기도 하고, 클래식하며 럭셔리한 공간이 되기도 한다.

PCCS(Particial Color Coordinate System)에서는 유채색은 12가지, 무채색은 5가지의 톤으로 구분하여 설명한다.

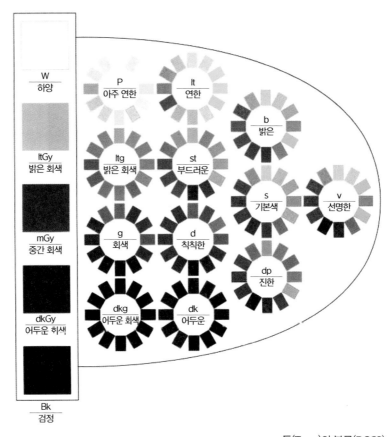

톤(Tone)의 분류(PCCS)

각 톤의 특징

톤(Tone) 이름	이미지 느낌	특징
비비드 Vivid	선명한	• 채도가 높은 원색으로, 모든 톤의 기준이 되는 가장 선명한 톤이다. • 활동적이고 강하고 화려하여 자극적인 메시지 전달에 효과적이다. • 자유분방한 이미지와 팝 스타일, 캐주얼 이미지 등에 적합하다.
스트롱 Strong	강한	• 화려하고 강하지만 비비드 톤에 비해서 선명도는 조금 낮다. • 화려한 이미지를 연출하므로 레저용품, 스포츠용품 등에 적용할 수 있다.
브라이트 Bright	밝은	• 비비드에 2배의 흰색을 섞은 색으로, 밝고 깨끗한 느낌을 준다. • 선명하게 빛나기 때문에 예쁘고 명랑한 분위기를 연출하고자 할 때 사용하면 좋으며, 밝고 화려한 느낌의 포멀 웨어에 적합하다.
라이트 Light	은은한	• 밝고 가벼우며 부드럽고 온화한 색조이다. • 여성스럽고 감미로운 것이 특징이며, 아이나 학생방, 싱글 스튜디오(원룸)보다는 가족 단위의 주택에 사용하는 것이 좋다.
페일 Pale	맑은	• 유채색 중 가장 밝으며 일반적으로 가장 부드러운 파스텔 톤이다. • 따뜻함, 감미로움, 꿈꾸는 듯한 로맨틱한 분위기에 어울리며, 유아복에 흔히 사용되지만 로맨틱한 여성복에도 사용할 수 있는 톤이다.
소프트 Soft	부드러운	• 라이트 그레이시 톤보다 채도가 약간 높아서 밝고 온화한 느낌을 준다. • 따뜻하고 포근한 느낌으로, 온화한 여성복에 잘 어울린다.
덜 Dull	차분한	• 스트롱 톤에 회색을 섞은 톤으로, 고상하며 자연적이고 안정된 색조이다. • 대지에서 느껴지는 내추럴한 이미지를 표현하는 패션 스타일에 알맞다.
라이트 그레이시 Light Grayish	흐릿한	• 햇빛에 바랜 느낌이 들며 세련되고 우아한 느낌이다. • 지적이고 차분한 느낌으로, 우아하고 세련된 이미지를 표현할 수 있다. • 젊은 여성에게는 시크한 분위기를 연출하는 데 적합하다.
그레이시 Grayish	탁한	• 회색이 포함되어 있어 무게감이 느껴지며 차분하고 침착한 느낌을 준다. • 고상하고 이지적이며 세련미를 연출할 수 있다.
다크 그레이시 Dark Grayish	어두운	• 거의 검정에 가깝지만 검정과는 분위기가 좀 다른 깊은 맛이 드는 톤으로, 중후하고 엄숙하며 미묘한 신비감을 지니고 있다.
딥 Deep	진한	• 침착하고 중후하며 고급스러운 이미지를 나타낸다. • 다이내믹하고 역동적인 이미지의 배색에 어울린다.
다크 Dark	무거운	• 어두우면서 색감이 느껴지는 중후한 느낌을 가지며, 명도가 낮은 톤이다. • 무겁고 엄숙한 이미지로, 중후한 남성의 색으로 많이 사용된다.

② 대표적인 톤 이미지

■ 화려한 톤(Vivid, Strong)

순색과 순색에 가까운 높은 채도의 선명한 색조로, 화려하고 명쾌하며, 자극적이고 강한 이미지 표현에 적합하다. 여름철 의상과 활동적인 의상에 효과적이다.

화려한 톤

■ 밝은 톤(Bright, Light, Pale)

순색에 화이트가 섞인 밝은 색조로, 깨끗하고 섬세하며, 명랑하고 부드러운 이미지 표현에 적합하다. 메이크업에서는 부드럽고 소녀적 이미지 표현에 적합하다.

밝은 톤

■ 수수한 톤(Light Grayish, Grasyish, Dull)

순색에 그레이가 섞인 색조로, 빛에 바랜 것처럼 보여 차분하고 흐리며 환상적인 이미지 표현에 적합하다. 도시적이며 자연스러운 이미지 표현에 효과적이다. 메이크업에서도 수수하면서 자연스러운 이미지로 표현된다.

수수한 톤

■ 어두운 톤(Dark Grayish, Dark, Deep)

순색에 블랙이 섞인 색조로, 수수하고 남성적이며 견고하고 무거운 느낌으로 엄숙한 이미지를 표현한다. 화려하지 않고 느낌이 강하며 비즈니스 웨어에 적합하다. 메이크업은 도발적이고 섹시한 이미지로 표현된다.

어두운 톤

퍼스널 이미지 커뮤니케이션

4 컬러 이미지의 배색

패션 코디에서 두 가지 이상의 색이 잘 어울리도록 배치하는 것은 무엇보다 중요하다. 이렇게 두 가지 이상의 색을 어울리도록 배치하는 것을 배색이라고 한다. 배색의 의미는 두 가지 이상의 색을 서로 잘 조합하여 디자인 전체의 효과를 높이는 데있으며, 이는 질서와 균형 감각이 중요하다. 이를 위해서는 색의 속성과 톤이 주는인상을 잘 파악해야 한다. 색은 주위의 색에 따라 그 느낌이 달라지므로 유행성과 합목적성을 충분히 고려하여 세련되고 어울리는 배색을 하는 것이 중요하다.

유사색 배색

유사색 배색은 색상환에서 60° 안쪽 범위의 색상과 배색하는 방법으로, 색상 차가 적기 때문에 톤의 차를 두어 명쾌한 배색을 시도할 수 있다. 이 배색은 온화하고부드러우며, 상냥하고 건전한 느낌이 든다. 유사색 배색에는 한 가지 색상 내에서 명도와 채도를 변화시켜 조화시키는 동일 색상 배색과 색상환에서 30~60° 안에 들어있는 색과 조화시키는 인접 색상 배색이 있다.

동일 색상 배색   인접 색상 배색

대조색 배색

　대조색 배색이란 색상환에서 거리가 먼 색과의 배색을 말한다. 대조색을 사용하면 선명하고 활동적인 느낌을 주기 때문에 색의 대비 효과가 큰 만큼 명료하게 표현할 수 있다. 색감으로 이미지를 강하게 표출하는 효과가 있지만, 대조 현상이 큰 색이 강하게 대비되었을 때는 거부감이 들지 않도록 배치하는 것이 좋다.

　대조색 배색에는 보색 배색, 분보색 배색, 중보색 배색이 있다. 보색 배색은 빨간색과 초록색처럼 색상환에서 서로 마주 보고 있는 색과의 조화를 말하는데, 매우 강하고 자극적으로 보인다. 분보색 배색은 마주 보고 있는 색의 양옆의 색들을 조화시키는 것이다. 그리고 중보색 배색은 인접해 있는 두 색상을 각각의 보색과 함께 사용하여 조화시키는 것으로, 색감이 풍부해서 생생하고 세련된 느낌을 준다.

보색 배색

분보색 배색

중보색 배색

퍼스널 이미지 커뮤니케이션

세퍼레이션 배색

세퍼레이션(Seperation)은 '갈라놓다, 분리시키다'라는 뜻으로, 세퍼레이션 배색은 색상의 배색 중간에 다른 색을 더해서 두 색이 분리가 되어 보이게 하는 배색을 말한다. 이 기법은 이미 사용한 색상의 효과를 두드러지게 하거나 각각의 색이 조화가 되지 않을 때 무채색이나 중간색을 함께 배색하여 균형을 잡아주는 것이다.

악센트 배색

악센트(Accent) 배색은 두 가지 이상의 같은 색상을 잘 어울리도록 배치하고 보색 또는 대조되는 색을 첨가하여 배치하는 것을 말한다. 단조로운 배색 사이에 대조적인 색을 부분적으로 사용하여 포인트를 주면서도 개성을 부여하는 배색 방법이다. 이는 배색 전체의 효과를 향상시키기 위하여 강조점으로 사용하는 경우를 말하는데, 색상, 명도, 채도, 톤을 대조적으로 배색하는 것이다. 부드럽고 은은한 이미지에 생동감, 주목감을 주기 위해 사용하며, 주조색과 보조색을 조화롭게 만들어주기 위해서도 사용한다.

세퍼레이션 배색   악센트 배색

그라데이션 배색

그라데이션(Gradation)이란 '서서히 변화하는 것, 단계적인 변화, 점진적으로 변화하는 것'을 의미한다. 그라데이션 배색은 색상, 명도, 채도, 톤의 변화를 살려 자연스럽게 변해가는 조화의 배열로, 리듬감이 있고 움직임의 효과를 표현하는 배색이다. 색채가 조화되는 배열에 따라서 시선을 일정한 방향으로 유인하고, 통일감이 있으며 3색 이상의 다색 배색에 효과가 있다.

레피티션 배색

레피티션(Repetition)은 '반복하다, 되풀이하다'라는 의미를 가진다. 레피티션 배색은 두 가지 이상의 색을 사용하여 일정한 질서에 기초하여 반복적인 조화를 부여함으로써 통일감이나 융화감을 끌어내는 배색이다. 즉, 2가지 이상의 색을 배색하여 한 단위로 그룹 지어 반복하면서 조화로운 효과를 보이는 것이다. 타일의 배색이나 체크무늬 배색 등에서 많이 볼 수 있다. 일정한 간격보다는 색의 간격을 불규칙하게 정렬하면 덜 지루하고 재미 있는 효과를 더할 수 있다.

그라데이션 배색　　　　　　　레피티션 배색

퍼스널 이미지 커뮤니케이션

2 퍼스널 컬러 이미지

요즈음은 퍼스널 컬러 이론이 대중화되어서 방송이나 인터넷에서도 쉽게 봄 타입, 여름 타입 등의 말을 종종 접할 수 있다. MZ세대 등 젊은 층 사이에서는 퍼스널 컬러 찾기 열풍이 거세다. 남들과 다른 나만의 색으로 정체성을 말하고 스스로를 브랜딩하는 그들은 내가 가진 고유의 색을 찾는 것에 노력을 게을리하지 않는다. 자신에게 가장 잘 맞는 색을 찾아 옷, 화장, 헤어 등에 적용하고, 이를 통해 스타일을 업그레이드하면서 자존감을 높이고 대인관계에서 자신감 넘치는 매력적인 모습을 발산할 수 있기 때문이다.

1 퍼스널 컬러의 개념

사람은 누구에게나 잘 어울리는 색과 잘 어울리지 않는 색이 있다. 파란색 옷이 잘 어울리는 사람이 있는가 하면 보라색 옷이 잘 어울리는 사람이 있다. 이렇듯 사람에 따라서 어울리는 색이 다른 것은 사람마다 지니고 있는 신체 색상이 조금씩 다르기 때문이다. 나는 어떤 색의 옷을 입었을 때 가장 잘 어울릴까?

퍼스널 컬러(Personal Color)는 개개인이 태어날 때부터 지니고 있는 신체(피부, 머리카락, 눈동자) 색상과 조화를 이루면서 좀 더 건강하고 매력적으로 보이게 하는 색을 말한다. 이러한 컬러를 사용하면 피부에 윤기와 광택, 생기와 혈색이 돌아 자신을 돋보이게 하고 상대방에게는 좋은 느낌을 주어 이상적인 이미지 연출에 도움이 된다. 퍼스널 컬러는 한마디로 자신의 장점을 돋보이게 하는 색이다. 이상적인 퍼스널 컬러는 한 가지 색이 아니며 유사한 특징을 갖는 여러 색을 뜻한다.

2 퍼스널 컬러 진단

퍼스널 컬러 진단의 목적

퍼스널 컬러 진단의 목적은 개인에게 가장 잘 어울리는 색을 진단하여 자신에게 맞는 색을 사용함으로써 단점은 보완하고 장점을 극대화시키는 데 있다. 이로 인해 긍정적이고 자신감 있는 이미지를 연출하여 스스로 만족감을 가질 수 있고, 주위 사람들로부터 호감적인 인상을 받음으로써 당당한 대인관계를 할 수 있다. 또한, 의상이나 화장품, 액세서리 등을 구매할 때 자신에게 잘 어울리는 색상만을 선택하게 됨으로써 불필요한 낭비를 줄일 수도 있다.

퍼스널 컬러의 활용은 개인의 생활 패턴, 심리 상태, 바이오리듬(Biorhythm)에도 영향을 주어 보다 풍요롭고 안정된 삶을 가능하게 한다.

퍼스널 컬러 결정 요인

① 피부색

사람의 피부색은 인종이나 지역, 연령, 성별, 신체 부위 등에 따라 다르며, 건강 상태나 스트레스 정도에 따라서도 다르게 나타난다. 이러한 이유는 혈액 중의 헤모글로빈(Hemoglobin)이나 표피, 진피의 경계에 있는 멜라닌(Melanin)에 의해 결정되기 때문이다 헤모글로빈이 많으면 붉은색을 띠고, 적으면 창백하다. 멜라닌이 많으면

여러 가지 피부색

퍼스널 이미지 커뮤니케이션

황갈색 또는 갈색을 띠며, 카로틴(Carotin)이 많으면 황색을 띤다. 퍼스널 컬러의 분류는 크게 옐로 베이지 계열은 옐로 베이스, 핑크 베이지나 희거나 어두운 푸른 계열은 블루 베이스의 두 가지 계열로 나눈다.

② 머리카락 색

머리카락 색은 인종에 따라 여러 가지가 있지만 멜라닌 색소의 양에 따라 달라진다. 흰 머리카락은 멜라닌 색소가 빠진 백발을 말하며, 갈색 머리카락은 갈색, 붉은색, 검은색 색소의 혼합에 의한 것이다. 붉은색 머리카락은 붉은 색소와 검은 색소에 의해 나타나며, 금발은 붉은 색소와 노란 색소가 혼합된 것이다.

퍼스널 컬러의 분류는 동양인의 경우 옐로에서 오렌지 계열까지 브라운 계열은 옐로 베이스, 블랙 계열은 블루 베이스이다.

③ 눈동자 색

눈동자 색은 홍채의 색을 말하는데, 홍채에도 멜라닌 색소가 있어 빛과 자외선을 차단하는 역할을 한다. 백인종의 눈동자 색은 청색이나 회색 등 다양한 색상이 있으며, 동양인의 경우는 검은색과 갈색으로 분류된다. 우리나라 사람의 눈동자 색은 대부분 흑갈색으로 보인다. 퍼스널 컬러 분류는 브라운 계열은 옐로 베이스, 블랙 계열은 블루 베이스이다.

여러 가지 머리카락 색과 눈동자 색

퍼스널 컬러 진단과 이미지 계획

퍼스널 컬러는 피부색, 눈동자 색, 머리카락 색에 의해 결정되며, 퍼스널 컬러에 따라 헤어, 메이크업, 패션 스타일 등을 자신에게 맞게 적용하여 자신만의 고유한 이미지를 만들 수 있다. 이렇게 퍼스널 컬러를 진단하고 자신의 이미지 메이킹에 적용함으로써 자신감을 가지고 당당한 사회생활을 할 수 있다.

> **TIP 퍼스널 컬러 진단 시 유의 사항**
>
> 1. 자연광(혹은 비슷한 조명)이 비치는 실내에서 한다.
> 2. 시간은 오전 10시에서 오후 3시 사이에 한다.
> 3. 메이크업을 하지 않은 상태에서 한다(피부 바탕색이 정확하게 드러나도록 하기 위함).
> 4. 흰색 두건과 흰색 케이프를 착용한다(머리카락과 옷 색깔의 영향을 제거하기 위해).
> 5. 귀고리 등 액세서리는 착용하지 않는다.
> 6. 피부색이 단순히 어둡거나 머리카락 색이 옅다고 해서 무작정 따뜻한 유형으로 구분하지 않는다. 전체적인 조화가 주고 있는 분위기를 체크하는 것이 중요하다.
> 7. 정확한 평가 진단은 3인 이상이 비교 분석하는 것이 좋다.

① 1단계: 눈으로 따뜻한 유형과 차가운 유형 구분

a. 얼굴의 피부색, 머리카락 색, 눈동자 색, 뒷머리 두피 색, 손목 안쪽 색을 눈으로 살펴본다.

b. 푸른색과 흰색이면 차가운 색 계열, 노르스름한 색이면 따뜻한 계열로 판단한다.

c. 손바닥이나 손톱 끝부분의 색을 살펴본다.

d. 핑크나 붉은 톤이 있으면 차가운 계열, 노르스름한 산호색이면 따뜻한 계열로 판단한다.

e. 1단계 진단법으로는 정확하게 파악할 수 없으므로 2단계 드레이프 진단을 반드시 해야 한다.

드레이프 진단 천

② 2단계: 드레이프 진단

a. 은색과 금색의 컬러 진단 천을 차례로 둘러보고 어울리는 색을 판단한다.

b. 은색이 어울리면 차가운 유형, 금색이 어울리면 따뜻한 유형에 속한다.

c. 대표적인 색을 몇 가지 선정한 후 각 색의 봄, 여름, 가을, 겨울 색에 해당하는 진단 천을 차례로 드레이핑해 본다.

d. 구체적으로 명도를 비교하여 밝은색, 중간색, 어두운색 중 어떤 색이 어울리는지 구분한다.

e. 피진단자에게서 풍기는 분위기를 파악하여 최종적으로 계절을 결정한다.

③ 3단계: 이미지 계획

퍼스널 컬러 진단 작업이 끝났으면 자기 이미지에 어울리는 색상을 가지고 다음과 같이 구체적인 이미지 계획을 세운다.

a. 자기 이미지를 누구에게 보여줄 것인지, 보여주어야 할 대상을 설정한다.

b. 주변의 시대적·환성석 제반 현상을 조사·분석함으로써 경제 및 유행 동향 등 주변 상황을 파악하고 시대 흐름에 따른 기본적 이미지를 추출한다.

c. 자기 이미지에 적합한 패션과 메이크업, 헤어스타일, 액세서리를 분류한 후 목표 이미지를 설정해나간다.

3 계절별 컬러 유형

여름과 겨울의 기본 톤은 블루 베이스이고, 봄과 가을의 기본 톤은 옐로 베이스이다. 가을과 겨울의 명도는 대체로 어둡고, 봄과 여름의 명도는 밝다. 봄과 겨울의 채도는 선명하고, 여름과 가을의 채도는 탁하다.

봄 Spring	• 노란색을 기본으로 하며 어떤 색상이든 노란색을 띤 따뜻한 톤이다. • 명도와 채도가 높아 선명하고 깨끗하며 자연의 생명력과 에너지를 느낄 수 있다.
여름 Summer	• 블루를 기본으로 모든 색상에 흰색을 섞어 시원한 이미지가 바탕이 된다. • 밝고 부드러우나 선명하지 못하며 흐린 편으로 파우더처럼 불투명한 특징이 있다.
가을 Autumn	• 차분하고 가라앉은 느낌의 황색이 바탕이 된다. • 어둡고 차분하며 자연스러운 느낌이 있고, 대표색은 브라운과 골든 베이지이다.
겨울 Winter	• 푸르면서 흰색을 바탕으로 심플하고 깨끗하며 명도와 채도의 대비가 강하게 나타난다. • 푸른색 중에서도 강하고 가라앉은 듯한 느낌으로 선명하고 어두운 느낌을 준다.

사계절 컬러 이미지

퍼스널 이미지 커뮤니케이션

4 계절별 사람의 특징과 컬러 이미지

봄 타입

① 이미지
어려 보이며 친밀감이 있고, 생기발랄한 젊은 이미지를 보인다.

② 신체 색상
피부색은 맑은 노란색으로 표면이 매끄럽고 투명하며 피부가 얇아 주근깨 등의 잡티가 나타나 보인다. 아이보리, 황색의 베이지, 크림색 등이 있다. 머리카락 색은 갈색 계열로 노란빛이 감돌아 따뜻하고 부드러운 느낌을 준다. 눈동자 색은 노란빛이 감도는 밝은 갈색이며 눈동자가 반짝이는 빛이 나는 눈이다.

③ 성공적인 적용
노란색을 기본 톤으로 한 따뜻한 계열과 신선한 색이 어울린다. 차가운 계열의 색과 무겁고 칙칙한 색상은 피하는 것이 좋다.

봄 타입

여름 타입

① 이미지

한마디로 섬세하고 깔끔한 느낌이다. 로맨틱하고 다소 차가우면서도 부드럽고 우아하며 온화한 여성스러운 이미지이다.

② 신체 색상

피부색은 희고 푸른빛을 지닌 차갑고 부드러운 톤으로, 핑크빛이 나며 붉은 피부가 많아 대체로 중간색이나 어두운 피부가 많다. 핑크 베이지, 로즈 베이지, 내추럴 베이지, 로즈 브라운 계열이 주를 이룬다. 머리카락 색은 회색빛이 감도는 짙은 갈색이나 회갈색이다. 눈동자 색은 푸른빛이 감도는 연하고 짙은 갈색이다.

③ 성공적인 적용

푸른색을 베이스로 하는 여름 타입은 깨끗하고 차가운 계열의 그레이시 톤이 잘 어울린다. 핑크나 블루 계열의 파스텔 톤이나 회색이 가미된 차가운 색을 배색하면 잘 어울린다. 따뜻한 색이나 진하고 어두운색 등은 피하는 것이 좋다.

여름 타입

퍼스널 이미지 커뮤니케이션

가을 타입

① 이미지

골드를 기본으로 한 난색 계열과 차분하고 깊이 있는 색이 어울리며, 내추럴하고 클래식하며 고급스러운 이미지이다. 또한, 세련되고 부드러운 느낌이다.

② 신체 색상

피부색은 황색 톤을 지니고 있으며, 봄의 색상보다 진한 편이다. 윤기가 없고 혈색이 없어 보이며, 잡티나 기미가 짙어 보인다. 머리카락 색은 윤기가 없는 짙은 갈색 또는 오렌지빛이 감도는 적갈색을 띤다. 눈동자 색은 깊고 어두운 황갈색이나 어두운 갈색이 많다.

③ 성공적인 적용

가을에서 느낄 수 있는 따뜻하고 내추럴한 느낌은 베이지, 브라운, 카키, 골드, 오렌지 등과 같은 자연의 색을 이용하여 연출할 수 있다. 핑크색이나 순백색, 네이비 블루, 은색 등의 차가운 계열의 색상은 피하는 것이 좋다.

가을 타입

겨울 타입

① 이미지

심플하고 모던한 느낌, 도시적이며 샤프한 느낌, 댄디(Dandy)한 이미지이다. 또한, 존재감 있는 카리스마 느낌으로 제스처도 빠르다.

② 신체 색상

피부색은 푸른빛이 돌아 차갑고 창백한 피부, 푸른빛이 감도는 희고 밝은 피부, 검은 피부이다. 머리카락 색은 윤기가 있는 푸른빛을 띠는 검은색 또는 갈색이다. 눈동자 색은 선명한 편으로, 푸른빛이 도는 갈색이나 검은색이다. 피부색, 머리카락 색, 눈동자 색의 밝고 어두운 정도가 흐릿한 여름 타입에 비해 매우 강하다.

③ 성공적인 적용

카리스마가 있고 강한 인상을 가진 사람이 많으므로 차갑고 강하고 선명한 색상이 잘 어울린다. 어울리는 색상은 모든 색에 푸른빛과 검은색이 들어간 색이 좋은데, 코발트 블루, 네이비 블루, 라임 옐로, 마젠타, 와인색 등 강렬하면서 대조되는 색상이다. 따뜻한 색과 탁하고 희미한 색상은 피하는 것이 좋다.

겨울 타입

퍼스널 이미지 커뮤니케이션

ACTIVITY

나만의 이미지 컬러를 찾아보자

1. 물체의 색은 모양과 더불어 사람이 바깥세상의 사물을 알아보는 데 중요한 역할을 한다. 물체에 빛이 비추어지는 상황에 따라 색이 달라져 보이는 것이나 빛이 없으면 색도 없어지는 것으로 보아 색은 빛과 밀접한 관계가 있음을 알 수 있다. 이러한 색의 3가지 속성에 대하여 서술해 보자.

2. 사람은 누구에게나 잘 어울리는 색과 잘 어울리지 않는 색이 있다. 퍼스널 컬러는 개개인이 태어날 때부터 지니고 있는 신체(피부, 머리카락, 눈동자) 색상과 조화를 이루면서 좀 더 건강하고 매력적으로 보이게 하는 색을 말한다. 나의 퍼스널 컬러를 찾아보자.

   1) 나의 퍼스널 컬러 결정 요인을 평가해 보자.

구분	색상
피부색	
머리카락 색	
눈동자 색	
기타	

   2) 나의 퍼스널 컬러를 찾고 개선 방안을 도출해 보자.

구분	색상
나의 타입	
위와 같이 생각한 이유 (결정 요인)	
개선 방법 (구체적으로)	

자세 이미지

자세 이미지

상대방과 대화할 때, 마주 앉은 상태에서 상체를 상대방에게 기울인다거나 제스처를 취해준다면 상대방의 말을 조금 더 경청한다는 의미로 받아들여지겠지만, 상대방의 눈과 마주치지 않고 딴청을 부린다면 지루하다는 표현이 될 수 있다. 이렇듯 자세는 개인의 감정과 표정을 담아내는데, 이는 습관의 영향을 받으며 그 사람의 인성과 인격을 나타낸다. 바른 자세로 생활하는 사람은 당당하고 자신감 있게 보인다. 또한, 상대방에게 따뜻한 마음으로 예의를 갖춘 자세로 대화하는 사람은 언어적 커뮤니케이션에 있어서 긍정적인 영향을 가져온다.

의사소통에 있어서 자세와 동작은 언어의 의미를 더해주는 역할을 한다. 몸짓 언어는 말을 보충해줌으로써 말의 내용을 강조하고 명확하게 해준다. 또한, 대화의 내용에 따라 적절한 자세를 취하는 것은 상대방에 대한 예의의 표시이기도 하다. 상대방에게 상황에 따른 바른 자세와 제스처 등을 보여줌으로써 자신의 좋은 이미지를 전달할 수 있다.

바람직한 대화 자세, 인성과 인격의 표시

퍼스널 이미지 커뮤니케이션

1 자세의 개념

자세(Posture, Attitude)는 몸을 움직이거나 가누는 모양으로 몸자세라고도 하며, 사물을 대할 때 가지는 마음가짐으로 마음의 자세를 말한다. 윗사람에게 인사드릴 때 두 손을 바르게 하고 허리를 구부려 인사하는 것이 바른 인사 자세이다. 이렇게 어떤 일을 하는 몸의 모양이나 마음의 태도를 자세라고 한다. 마음가짐은 어떤 마음을 가진다는 뜻의 마음의 자세를 뜻하며, 올바른 마음가짐, 당당한 마음가짐과 같이 어떤 마음을 가지고 있는지 나타낼 때 쓰인다. 자세는 내가 유지하고 있는 마음가짐과 몸의 태도를 표출하는 방식으로, 몸과 마음의 태도를 동시에 표출하는 것이다.

자세는 학습, 일상생활, 대화와 같은 개인적·사회적 활동을 수행하기 위한 기본적인 요건이며 신체적인 건강과 밀접한 관련이 있는 영역이다. 따라서 자세에 대한 올바른 상식을 가지고 올바른 자세를 유지하기 위해 힘써야 한다.

신체의 자세는 마음의 자세에서 비롯되는 것이므로 자세는 곧 마음으로 받아들일 수 있다. 자세는 그 사람의 기분과 감정뿐만 아니라 건강 상태까지 파악하여 이미지로 남게 된다. 자세가 바르지 못하면 소극적이며 자신감이 없어 보여 좋은 이미지를 남기지 못한다. 자신이 지니고 있는 체형적 조건을 잘 활용하면 자신을 가장 자연스럽고 자신감 있게 연출하여 호감 가는 이미지를 심어줄 수 있다.

자세, 몸과 마음을 동시에 표출

2 바른 자세의 중요성

우리는 다양한 측면에서 바른 자세의 중요성을 강조한다. 자세는 단순히 외관상의 매력도만 갖추게 하는 것이 아니다. 이는 인체 내부에 있는 조직들의 건강 상태와 더불어 이들로부터 발휘될 수 있는 수많은 능력 역시 갖추어진 자세 상태에 지대한 영향을 받기 때문이다. 자세란 일시적으로 취하는 동작을 일컫는 말이 아니라, 반복적이고 지속적으로 취하게 되는 일련의 일상적인 동작에서의 몸을 가누는 형태를 일컫는다.

최근 건강에 대한 관심이 높아지면서 자세의 중요성은 근골격계 질환과 관련되어 매우 중요한 요소로 여겨진다. 자세는 우리 몸과 팔 그리고 다리를 연결하고 있는 각 관절들의 움직임에 있어서 그 시작점이 된다. 모든 운동에 있어서 자세가 좋아야 움직임의 시작이 수월하며 그 효율성이 좋아진다. 이는 각 동작에 있어서 필요한 근육들이 적절한 길이와 근긴장도를 유지할 수 있기 때문이다.

우리 몸은 항상 움직이고 있고 어떤 동작을 취하고 있는데, 그러기 위해서는 적절한 준비가 되어 있어야 한다. 그 준비가 바로 바른 자세를 유지하는 것이다. 바른 자세를 취하고 있는 것만으로도 움직임의 효율이 높아지기 때문에 힘이 덜 들고, 덜 피로해질 수 있다.

바르고 멋진 자세는 상대에게 호감 가는 이미지를 남겨주어 인간관계에서 긍정적인 효과를 볼 수 있다. 이는 삶에 있어서 자신감을 갖게 되는 중요한 외적 요소이다. 바른 자세를 하는 것은 몸과 정신 건강 모두에게 도움이 된다. 습관처럼 굳어진 나쁜 자세를 바른 자세로 바꾸는 것만으로도 현재보다 더 건강한 생활을 할 수 있다.

일상적으로 우리가 자주 취하는 자세는 서 있는 자세나 걷는 자세 그리고 앉는 자세, 누운 자세 등이다. 이러한 생활 자세들이 바르지 못하면 뼈나 관절에 변형이 생기고, 이 상태를 오래 유지하면 몸의 여기저기에 통증이 찾아온다. 또한 삶의 의욕이 저하되며 자신감이 떨어져서 일의 능률이 저하된다. 잘못된 자세가 근육을 긴장시키고 신경을 누르기 때문이다.

바른 자세 자가 진단

순번	체크할 내용	Yes	No
1	눈썹과 눈썹 사이, 인중, 배꼽, 무릎 사이, 발 사이가 일직선을 이루는가?		
2	양쪽 귀의 높이가 같은가?		
3	어깨와 젖가슴의 높이가 각각 같은가?		
4	골반의 높이가 같은가?		
5	손끝의 높이가 같은가?		
6	고개가 한쪽으로 돌아가 있는가?		
7	몸통이 한쪽으로 돌아가 있는가?		
8	발끝이 벌어진 각도가 똑같은가?		

＊ 위 항목 중 하나라도 해당하는 것이 있다면 평소 바르지 못한 자세를 취하고 있을 가능성이 높다.
(출처: 건강보험심사평가원)

3 기본자세

기본자세는 어떤 일이나 운동을 하기 위하여 기본적으로 반드시 갖추어야 할 태도나 습관을 말한다. 무엇을 하던 기본자세를 갖추는 것이 가장 중요하다. 자세를 통하여 관심과 존경을 표시할 수 있다. 자세는 행동 예절의 근본으로, 몸가짐이 바르고 단정하면 자신의 인성과 인격이 그만큼 높아진다.

자세는 자연스럽게 보일 때가 가장 편하고 바람직하다. 어떤 상황에 예민하여 익숙하지 못하면 부자연스러운 행동이 나타나게 되는데, 이러한 행동은 긍정적이기보다는 방어적일 때 나타난다.

올바른 자세는 원하는 동작을 취하는 데 신체를 효과적이고 효율적으로 사용할 수 있도록 해주지만, 잘못된 자세는 몸의 효율성을 떨어뜨리고, 근육의 밸런스도 틀어지게 된다. 또 관절과 근육에 스트레스를 주어 동작이 효율적이지 못하고 힘들어지는 경향이 있으며, 통증을 유발하며 의욕이 떨어지는 경우가 있다.

2. 올바른 자세

살아오면서 올바른 자세, 좋은 자세가 왜 중요한지 생각해 본 적이 있는가? 우리는 어려서 어른들로부터 자세에 대한 잔소리를 많이 들으면서 자랐다. "자세를 똑바로 해야지 구부정하게 있으면 키가 크지 않고 성장판이 멈춘다."라거나, "자세가 흐트러지면 아무것도 할 수 없어." 등의 말을 들어보았을 것이다.

올바른 자세를 취하면 뼈와 관절이 정렬된다. 관절 표면의 비정상적인 마모를 줄이고 척추 관절을 함께 유지하는 인대의 스트레스를 줄이게 되며, 근육이 더 효율적으로 작동하게 된다. 그러나 잘못된 생활 습관에 따른 그릇된 자세로 생활한다면 정상 정렬에서 자세를 유지하는 근육들이 제대로 사용되지 않고 다른 근육들이 그 기능을 대신하는 근육 불균형이 발생하게 된다.

좋은 자세, 즉 정상 자세는 정상적인 신체 정렬이 이루어질 때 나오는데, 역학적으로 신체의 근육과 관절에 최소한의 스트레스와 긴장만을 주어 신체 활동 시 최적의 움직임이 나오는 가장 효율적인 자세를 말한다. 그만큼 같은 시간 앉아 있거나, 일할 때 신체의 피로도가 최소화되어 근골격계 증상이 발생될 확률을 줄여준다.

올바른 자세는 호르몬과 뇌 그리고 우리의 마음가짐에 영향을 끼친다. 어깨를 펴고 바르고 당당한 자세를 취하는 것만으로도 자신에 대한 믿음이 강해진다. 바른 자세를 가지고 있는 사람을 보면 차분해 보이며 안정감과 자신감이 있어 보인다. 자세가 태도와 감정에도 영향을 미치기 때문에 보이는 긍정적인 인상뿐 아니라 자신의 성취에도 도움을 줄 수 있다.

바른 자세를 취하면 머리가 맑아지고 정신 집중도 잘된다. 그리고 좋은 호흡을 할 수 있으며, 멋진 몸매를 만들 수 있다.

퍼스널 이미지 커뮤니케이션

1 바르게 서는 자세

아기가 걸음마를 시작할 때 먼저 두 다리로 일어설 수 있어야 한다. 바르게 설 수 있어야 바르게 걸을 수도 있다. 서는 자세는 모든 자세의 기본이 된다. 따라서 서는 자세가 잘못되면 서는 자세에서 시작되는 모든 자세가 바르게 될 수 없다.

① 가슴을 펴고 어깨를 움츠리지 않으며, 호흡을 가다듬으며 똑바로 선다.
② 등과 허리선을 곧게 세우고 가슴을 내밀지 않는다.
③ 발은 편안하게 어깨너비보다 약간 좁은 듯한 느낌으로 벌린다.
④ 입은 가볍게 다물고 턱은 아래로 살짝 당긴다.
⑤ 고개는 반듯하게 들고 시선은 정면을 향한다.
⑥ 머리와 어깨는 앞으로 숙이거나 뒤로 젖히지 말고 수평을 이루도록 한다.
⑦ 두 팔은 남성의 경우 양손을 가볍게 쥐어 바지 옆선에 붙이고, 여성의 경우 왼손 위에 오른손을 포개어 공수(拱手) 자세를 취한다.
⑧ 상대방을 대할 때 시선은 치켜뜨거나 옆이나 아래로 보지 않고 인중 근처를 바라보는 것이 좋으며, 가끔 눈을 바라본다.
⑨ 몸의 체중은 두 다리에 고르게 분산되도록 무게 중심을 바르게 하고 편안하게 선다.

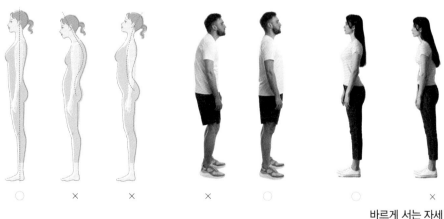

바르게 서는 자세

2 바르게 앉는 자세

자동차의 보급과 노동 형태의 변화에 따라 의자에 앉아 있는 시간이 많아졌다. 따라서 서 있는 자세보다도 장시간을 보내는 의자에 앉는 자세의 좋고 나쁨이 더 중요해졌다. 앉는 자세도 인생의 기본자세이며 바른 습관이 필요한데, 이는 그 사람의 교양 정도를 판단하는 기준이 될 수 있다. 의자에 앉는 자세는 시선에서 안정되고 편안한 자세가 되도록 한다.

① 어깨의 힘을 빼고 등을 곧게 세우고 아랫배에 힘을 주고 앉는다.
② 무릎을 굽히고 다리 근육을 이용하여 앉고 나서 등받이에 등을 밀착시킨다.
③ 옆에서 보았을 때 허리와 엉덩이, 다리는 90°를 유지하도록 한다.
④ 시선은 정면을 향하며 편안한 자세를 취한다.
⑤ 턱은 자연스럽게 당긴 채로 윗몸을 흔들지 않는다.
⑥ 여자의 경우 다리를 가지런히 모으고 발끝이 벌어지지 않도록 하고 오른손이 왼손 위에 오도록 하여 무릎 위에 올려놓는다.
⑦ 남자의 경우 무릎 사이는 주먹 하나 정도의 간격이 되도록 하고 주먹은 가볍게

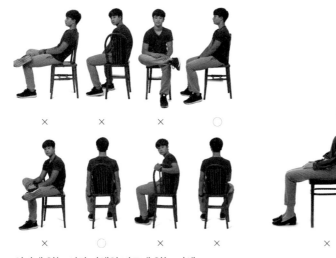

의자에 앉는 여러 자세와 바르게 앉는 자세

퍼스널 이미지 커뮤니케이션

쥐어 무릎 위에 올려놓으며, 발의 모양은 11자 형태가 되도록 한다.

⑧ 의자에서 일어설 때 무릎을 90°보다 더 굽혀 발이 의자 쪽으로 좀 더 가깝게 된 자세에서 일어설 준비를 한다.

⑨ 목의 긴장을 풀고 몸통을 앞으로 기울이며 다리에 힘을 주면서 편안하고 자연스럽게 일어선다.

> **TIP** 앉는 자세의 예의
>
> 1. 상대방이 의자에 앉으라는 권유를 하면 앉는다.
> 2. 남자는 어른의 왼쪽 앞, 여자는 어른의 오른쪽 앞에 앉는다.
> 3. 의자 앞에 적당한 거리를 두고 서서 한쪽 어깨너머로 의자의 위치를 확인한다.
> 4. 다리를 꼬고 앉거나 다리를 떨지 않는다.
> 5. 여자는 엉덩이 아랫부분의 옷자락을 살짝 쓰다듬으면서 앉으며, 무릎과 다리는 꼭 붙이고 앉는다.

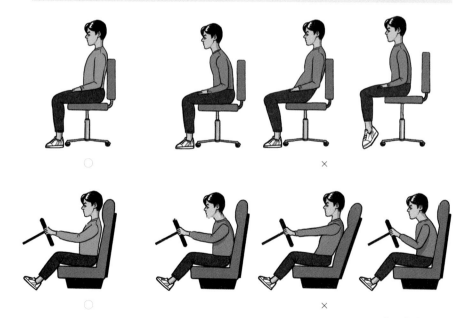

바르게 앉는 자세

3 　바르게 걷는 자세

바르게 걷는 자세는 바르게 서는 자세에서부터 시작된다. 걷는 자세만 보더라도 그 사람의 이미지를 파악할 수 있으며, 바르게 걷는 것만으로도 몸의 체형 건강을 유지할 수 있다. 바른 자세로 활기차게 걸으면 그 사람에게는 자신감이 생기며 상대방에게는 신뢰감을 줄 수 있다.

① 상체를 바로 세우고 시선은 눈높이보다 15° 정도 위의 정면을 바라본다.
② 바르게 선 자세를 유지한 채 몸무게를 발뒤꿈치에서 발끝으로 옮기듯 걷는다.
③ 호흡은 '후~, 후~' 하고 내쉴 때만 의식한다.
④ 몸의 중심은 발에 두고 어깨는 수평으로 한다.
⑤ 허리와 가슴부터 나가는 기분으로 중심을 옮긴다.
⑥ 걸음을 옮길 때 무릎 안쪽이 스치는 느낌으로 걸으며, 필요 이상으로 무릎을 굽히지 않는다.
⑦ 팔은 너무 크게 흔들지 말고 자연스럽게 흔든다.
⑧ 보폭은 체격에 맞도록 하고 자연스럽게 걷는다.
⑨ 두 팔은 자연스럽게 드리우고 신발은 끌거나 꺾어 신지 않는다.
⑩ 실내에서 걸을 때는 팔을 좀 더 작게 흔들고, 보폭도 약간 작게 해서 걷는다.

바르게 걷는 자세

퍼스널 이미지 커뮤니케이션

4 계단에서의 바른 자세

현대인은 집에서, 학교에서. 지하철을 이용할 때 등 계단을 오르내리는 일이 수도 없이 많다. 이렇게 우리가 자주 이용해야 하는 계단을 오르내리는 데도 올바른 자세가 필요하며, 계단을 올바르게 이용하면 건강에도 도움이 된다. 바르게 걷기는 유산소 운동 및 무산소 운동의 효과를 동시에 기대할 수 있다. 같은 시간을 투자하고도 산책의 3~4배, 빠르게 걷기의 약 2배에 해당하는 칼로리를 소모한다. 이와 함께 척추, 엉덩이, 허벅지, 종아리 등의 하체 근육 강화에도 효과적이다.

① 척추가 휘지 않게 허리를 곧바로 펴주며, 시선은 콧날을 통해 정면을 향한다.

② 발 모양은 11자 모양으로 모아주며 발바닥 전체가 계단에 닿도록 한다.

③ 체중을 발뒤꿈치에서 앞꿈치로 실어주며, 양발 사이 간격은 주먹 하나 정도가 적당하다.

④ 발 딛는 쪽의 엉덩이로 몸을 밀어 올린다는 느낌으로 오른다.

⑤ 양팔은 가볍게 앞뒤로 흔들면서 팔을 흔드는 힘으로 올라간다.

⑥ 계단을 내려갈 때 시선은 코끝을 향해 15° 정도 아래를 보며 팔을 흔들지 않는다. 이때 발끝은 계단 밖으로 조금씩 내밀고 한 계단씩 천천히 내려간다.

상체는 조금 앞으로 숙이고 허리를 곧게 편 상태로, 필요 이상으로 발을 올리지 않는다. 엄지발가락 끝부분을 의식하면서 발바닥 전체로 착지한다.

계단 오르기의 바른 자세

 정보마당

바르게 앉는 자세가 가져오는 제3의 건강 효과

바르게 앉는 습관이 척추 등 신체 건강에 중요하다는 것은 누구나 알지만, 막상 실천하기란 그리 쉽지 않다. 바른 자세에 습관이 들지 않은 사람의 경우 허리를 바르게 편 자세보다는 구부정한 자세를 더 편하게 느끼기 쉬운 까닭이다. 척추가 틀어져 요통 등을 유발하기 전까지는 별다른 이상 증세를 느낄 수 없다 보니 자세 교정에 더욱 소홀해지는 면도 있다. 하지만 바른 자세로 앉는 습관을 들이면 허리 건강 외에도 여러 가지 건강상 이점을 얻을 수 있다. 바른 자세를 통해 얻을 수 있는 건강상 이점 3가지를 알아보자.

① 활동력 증대

바른 자세로 앉으면 횡격막이 보다 효율적으로 기능할 수 있게 되어 호흡까지 수월해진다. 반대로, 구부정한 자세는 흉곽의 확장을 방해하고 횡격막을 압박하여 폐활량을 떨어뜨린다. 바른 자세를 통해 호흡이 원활해지면 결과적으로 행동도 빨라지고 정신도 보다 맑게 되어 활동력이 향상된다.

② 두통 예방

머리를 앞으로 쭉 빼거나 어깨를 구부정하게 앉는 습관은 긴장성 두통의 가장 흔한 원인 중 하나이다. 바르지 못한 자세로 인해 목이나 등, 턱, 승모근 등이 뻣뻣해지면 긴장성 두통을 겪기 쉬워진다. 별다른 이유가 없음에도 일하거나 공부할 때 두통이 잦다면 바른 자세로 앉는 노력을 하는 것이 좋다.

③ 스트레스 저하

뉴질랜드 오클랜드 대학교의 연구팀이 바른 자세로 과제를 수행한 그룹과 구부정한 자세로 과제를 수행한 그룹을 비교한 결과, 좋은 자세를 유지한 그룹이 보다 열정적으로 과제에 임하였다. 바른 자세가 생리학적 자극을 촉진하였고, 결과적으로 스트레스 대처 능력도 향상되었기 때문이다.

(출처: 시사저널, 2021년 09월 11일)

퍼스널 이미지 커뮤니케이션

ACTIVITY

나의 자세를 평가해 보자

1. 자세는 개인의 감정과 표정을 담아내는데, 이는 습관에 영향을 받으며 그 사람의 인성과 인격을 나타낸다. 의사소통에 있어서 자세와 동작은 언어의 의미를 더해주는 역할을 한다. 자세의 개념을 정리하고 바른 자세의 중요성에 대하여 서술하라.

구분	내용
자세의 개념	
바른 자세의 중요성	

2. 바른 자세를 취하면 머리가 맑아지고 정신 집중도 잘된다. 그리고 멋진 몸매를 만들 수 있으며, 좋은 호흡을 할 수 있다. 따라서 자신감이 생기며 상대방에게 좋은 인상을 심어줄 수 있다. 평상시 나의 자세에 대하여 스스로 평가해 보자.

구분	잘하고 있는 점	개선해야 할 점
서는 자세		
앉는 자세		
걷는 자세		

매너와 에티켓 이미지

1 매너와 에티켓

우리는 일상생활에서 누군가를 평가할 때, '매너가 없다.'라든지 '에티켓을 잘 지키지 않는다.'라는 말을 자주 사용한다. 이렇듯 매너와 에티켓은 일상생활에서 우리 스스로가 지켜야 할 방식이나 자세라고 할 수 있다. 즉, 사회적 동물로서의 인간이 평소에 기본적으로 갖추고 지켜야 할 서로 간의 약속인 것이다. 모든 사람이 보편타당하게 받아들일 수 있는 행동은 바로 매너를 갖추고 에티켓을 지키는 일에서부터 시작된다. 사회적 관습으로서 지켜야 할 매너와 에티켓은 개개인의 노력과 사회적 관심에 달려 있다. 이러한 매너와 에티켓은 우리 생활의 모든 부분에서 자연스럽게 표출되어야 하는 개인의 필수 덕목이자 능력으로 간주하고 있다.

현대 사회는 그 구조가 매우 다양하고 복잡해지고 개인과 개인, 기업과 기업, 국가와 국가 간의 교류가 빈번해졌다. 이러한 사회 구조는 현대인의 요구도 다양화시켰으며, 이로 인하여 보다 광범위한 인간관계의 필요성이 대두되었다. 특히 대인관계 형성 및 유지를 위해서 지켜야 할 매너와 에티켓의 중요성이 높아지고 있다. 현대 사회에서 이러한 매너와 에티켓은 개인 능력의 일부분이며, 성공적인 삶을 이끌어 가는 중요한 인적 자원의 요소가 되고 있다.

우리는 교통과 통신의 발달로 세계가 하나가 되는 글로벌 시대·국제화 시대에 살고 있다. 이제 우리는 내 문화권 안에서 내 문화만 고집하며 살아가면 세계의 사람들과 발맞추어 나갈 수 없다. 우리 생활문화를 세계에 알리고, 세계의 생활문화를 이해함으로써 자신의 좋은 이미지를 전달할 수 있어야 한다. 그러기 위해서 필요한 것이 바로 매너와 에티켓이다. 글로벌 시대에 맞는 매너와 에티켓을 기초로 하여 품위 있는 세계인으로서의 행동이 그 어느 때보다 필요하다.

퍼스널 이미지 커뮤니케이션

1 매너

매너의 개념

'매너는 곧 인격이다.'라는 말이 있다. 이는 매너가 그 사람의 됨됨이와 가치를 평가하는 기준이 된다는 뜻으로 해석할 수 있다. 행동은 그 사람의 태도를 반영하며, 태도는 우리 삶의 질을 결정짓는 요소가 된다. 매너는 감각에서 생겨난 습관으로 세련되고 품위 있는 방법으로 행하는 행동 방식을 의미하는데, 상대방에 대한 경의와 존중 그리고 배려의 표현이다.

매너(Manner)는 라틴어인 Manuarius(Manus와 Arius의 복합어)에서 유래된 말이다. 여기서 Manus는 손(Hand)이라는 뜻으로 행동이나 습관이라는 의미를 가지고 있으며, Arius는 More at Manual, More by the Manual이라는 뜻으로 방법이나 방식(Way)이라는 의미를 가지고 있다. 이러한 의미에서 매너는 상대방을 대하는 자세, 태도, 몸가짐, 버릇 등의 행동 방식이라고 할 수 있다. 이에 따라 흔히 '있다', '좋다', '나쁘다'라고 하는 주관적 의미로 표현하는 경우가 많다.

매너는 자발적인 행위로서 사회생활을 밝고 건강하게 만드는 매개체이기 때문에 법적 통제 이상의 의미를 가지고 있다. 이러한 매너에서 가장 중요한 원칙과 기준은 상대방에 대한 배려이다. 이에 비추어 해야 하는 것과 해서는 안되는 것을 구분하는 것이 좋은 매너의 출발점이다.

상대방을 존경하며 배려하는 마음가짐

역지사지(易地思之)

살맛 나는 세상을 만드는 따뜻한 마음

나를 사랑하는 일

매너의 본질

매너의 중요성

사람을 흔히 사회적 동물이라고 한다. 즉, 인간은 혼자서 살아갈 수 없는 존재라는 것이다. 이처럼 인간은 다른 동물과는 다르게 사회 공동체 구성원으로 살아가고 있다. 그렇기 때문에 인간과 인간과의 교류와 접촉에서 반드시 지켜야 할 도리가 있다. 이런 도리를 바로 매너라고 한다.

현대에 있어 사회생활의 필수 요건 중 하나인 매너는 인간의 생활과 불가분의 관계에 있다. 원활한 인간관계 형성은 물론 타인에게 호감을 주는 긍정적 이미지 형성, 자기 관리를 통한 자긍심 형성 등의 기능을 한다. 또한, 실행함으로써 내 이미지가 긍정적으로 나타나는 것이며, 반드시 해야 하는 일이 아님에도 솔선수범했을 때 상대방으로부터 좋은 인상은 물론 존경의 마음까지도 우러나게 할 수 있는 힘이 있다.

사람이 성공하는 데는 여러 가지 요소가 필요하다. 능력, 노력, 성실 그리고 운도 어느 정도 작용할 것이다. 매너는 성공을 위한 또 하나의 실력이다. 미국 컬럼비아 대학 MBA 과정에서 기업 CEO들을 대상으로 '당신의 성공에 가장 큰 영향을 준 요인이 무엇인가?'에 대하여 설문 조사를 하였다. 그 결과 응답자의 93%가 '대인관계의 매너'를 꼽았으며, 나머지 7%만이 실력이라고 대답하였다. 이제 매너는 성공의 요소 가운데 결코 무시해서는 안되는 요소로, 우리의 생활 속에 자리 잡고 있다. 매너는 삶을 멋지고 성공적으로 영위하는 방법이다.

TIP 매너가 경쟁력이 되는 이유

사람은 관계 속에서 존재한다. 서로 마주치고 소통하면서 관계가 맺어지고 어떤 목적이 이루어지게 된다. 이러한 커뮤니케이션에서 상호 간에 나타내는 것이 바로 매너이다. 다르게 표현하면 각자가 가진 행동 기준과 행동하는 방식이 상대에게 보여지는 것인데, 기업의 CEO들이 성공 요인 중 가장 큰 영향을 준 요인을 매너라고 한 이유이다. 좋은 매너는 상대방에게 공감, 신뢰, 감동을 주기 때문에 다른 어느 것보다 경쟁력으로 작용한다.

퍼스널 이미지 커뮤니케이션

2 에티켓

에티켓의 개념

에티켓은 상대방에 대한 존중을 바탕으로 모든 경우와 장소에서 지켜야 할 바람직한 행동 양식을 뜻하는 말로, 사전적 의미로는 사교상의 마음가짐이나 몸가짐을 뜻한다. 이는 원만한 사회생활을 유지시켜주는 요소로, 법적 구속력을 가지고 있지는 않지만 지켜야 할 규범적 성격을 가지고 있다.

에티켓(Etiquette)의 어원은 프랑스어 Estiquier(붙이다)에서 유래되었는데, 이는 나무 말뚝에 붙인 출입 금지라는 의미이다. 17세기 프랑스의 루이 14세가 살던 베르사유(Versailles) 궁전 예절에서 시작되어 영국 및 스페인의 왕실 등 유럽과 서구 사회로 파급되었다.

에티켓은 사회생활에서의 굿 매너(Good Manners)와 거의 같은 뜻이라 할 수 있다. 이는 상대방에 대한 존중을 바탕으로 여럿이 함께하는 문화를 바람직하게 유지하기 위한 사회적 약속이다.

현대에 들어 에티켓은 일반인에게도 생활 전반에 걸쳐 그 적용이 널리 보편화되었다. 이러한 에티켓의 기본은 상대방을 먼저 생각하는 아름다운 마음씨에서 비롯된다. 에티켓은 공식 석상에서 인간으로서 지켜야 할 행동에 대한 규범으로 일반적으로 '지킨다'와 '지키지 않는다'라고 하는 의미로 표현한다.

상대방에게 폐를 끼치지 않는다.

상대방에게 호감을 준다.

나를 사랑하는 일

에티켓의 본질

에티켓의 중요성과 예

에티켓은 사회생활을 하는 데 필요한 관행, 관습을 형식화하고 이를 지킴으로써 원만한 사회생활이 가능하게 하는 밑바탕이 된다. 한마디로 사람이 사람답게 살아가는 데 필요한 도리이자 질서라는 점에서 매우 중요하다.

에티켓은 일상생활에서 지켜야 할 도리임에도 불구하고 평상시 잘 지켜지지 않는 부분이기도 하다. 예를 들면 엘리베이터에서는 내리는 사람이 전부 내리고 난 다음에 타는 것이 상식이며, 남성은 여성과 어린이 다음에 타는 것이 예의이다. 또한, 자동차를 탈 때는 여성이 먼저 타고 내릴 때는 남성이 먼저 내려 필요하면 여성의 손을 잡아주는 것이 예의인데, 이는 옛날 마차를 타던 시대부터 내려오고 있는 에티켓이다. 인터넷이 발달한 현대 사회에서는 일상의 예절 못지않게 중요한 것이 네티켓이다.

> **TIP** **네티켓(누리꾼 예절)**
>
> 네티켓(Netiquette)은 네트워크(Network)와 에티켓(Etiquette)의 합성어로, 네티즌이 네트워크상에서 지켜야 할 상식적인 예절을 말한다. 인터넷이 발달하면서 일상의 예절 못지않게 중요하게 되었다. 1994년 미국 플로리다 대학교의 버지니아 셰어(Virginia Shea) 교수는 네티켓의 핵심 원칙을 다음과 같이 제시하였다.
>
> ① 인간임을 기억하라.
> ② 실제 생활에서 적용된 것처럼 똑같은 기준과 행동을 고수하라.
> ③ 현재 자신이 어떤 곳에 접속해 있는지 알고, 그곳 문화에 어울리게 행동하라.
> ④ 다른 사람의 시간을 존중하라.
> ⑤ 온라인에서도 교양 있는 사람으로 보이도록 하라.
> ⑥ 전문적인 지식을 공유하라.
> ⑦ 논쟁은 절제된 감정 아래 행하라.
> ⑧ 다른 사람의 사생활을 존중하라.
> ⑨ 당신의 권력을 남용하지 말라.
> ⑩ 다른 사람의 실수를 용서하라.

3 매너와 에티켓의 차이

우리는 일상생활에서 매너와 에티켓이라는 말을 많이 사용하는데, 막상 매너와 에티켓이 어떻게 다른지 정확하게 알고 사용하는 사람은 그리 많지 않다. 오늘날 매너와 에티켓은 모두 상대방을 배려하고 존중하는 것을 기본으로 해서 예의라는 의미로 사용되고 있는 것이 현실이다. 그러나 이 둘의 차이는 분명히 있다.

매너가 일상생활에서의 예의와 절차를 뜻한다면 에티켓은 사회생활을 좀 더 유연하게 하기 위해 지켜야 할 형식이나 규범이라는 점에서 차이가 있다. 매너는 지켜야 하는 것을 행동으로 나타내는 것이므로 좋은 매너를 보이면 좋은 평가를 받는다. 에티켓은 가장 기초적이고 상식적인 행동이기 때문에 지키지 않으면 인성의 문제가 있다고 본다.

매너는 상황과 상대방 중심의 주관적 행동 양식이며, 에티켓은 법은 아니지만 형식적이고 객관적 행동 양식인 사회적 약속이다. 예를 들면, 식사 자리에서 상대방과 보조를 맞추어 식사 시간을 조절해주는 것은 매너라고 할 수 있으며, 영화관에서 휴대폰을 진동 모드로 설정해 놓는다거나 대중교통에서 노약자에게 자리를 양보하는 것은 에티켓이라 할 수 있다.

매너는 국경과 지역을 초월하여 서로 배려하고 존중하는 인간의 기본적인 문화적 행동 양식이라면, 에티켓은 국가나 지역 문화권의 전통과 관습에 따라 다르게 나타날 수 있는 것이다.

매너와 에티켓의 차이

구분	매너	에티켓
정의	상대방을 대하는 행동 양식 사람마다 가지는 습관 또는 몸가짐	존중을 바탕으로 한 사회적 약속 타인에 대한 마음의 형식화
기준	방법(Way)	행동(Action)
관심	상대방	나 자신
구분	'좋다, 나쁘다'로 구분	'있다, 없다'로 구분
예	화장실에서 상대를 배려해 조심스럽게 노크	화장실에서 노크하는 행동 자체

2 기본 매너

매너란 사람마다 가지고 있는 독특한 습관이나 몸가짐을 뜻한다. 이러한 매너는 그 사람의 마음가짐과 인격에서 나온다. 좋은 매너는 자제심과 성실성, 적당한 유머, 자존심까지도 갖추고 있어야 나온다. 에티켓에 부합하는 행동을 하더라도 매너가 나쁘면 품위 있는 사람으로 대접받기 어렵다. 웃어른에게 인사하는 그 자체는 에티 켓이지만 경망하게 하느냐 공손하게 하느냐는 매너의 문제이다. 그렇기 때문에 타인에 대한 배려와 관심을 가지고 매너와 에티켓을 지키는 일이 중요하다.

1 인사 매너

인사의 의미

인사는 사회 어느 곳에서나 상대방을 마주 대하거나 헤어질 때 예를 표하는 말이나 행동을 말하는데, 이는 인간관계에서 좋은 평판의 첫걸음이다. 인사는 예절의 기본이며 인간관계의 시작으로, 도덕과 윤리 형성의 기본이 된다. 또한, 자신의 마음을 상대방에게 표현하는 수단으로, 윗사람에게는 존경의 마음을 표시하고 동료 간에는 우애를 상징하는 표현이며, 아랫사람에게는 친근감의 표시이다.

마음가짐의 표현인 인사는 마음의 문을 여는 열쇠로, 인간 삶에서 가장 기본적이고 중요한 소통 방법이다. 상대방을 존중하고, 인격과 가치를 높여주는 기술인 인사는 무엇보다 인사하는 사람의 마음가짐이 중요하다. 누가 시켜서 하거나 억지로 하는 인사는 절대로 상대방을 향한 마음을 담을 수 없다. 마음이 내키지 않아 억지로 하는 인사는 받는 사람의 입장에서는 매우 불쾌하게 느껴질 수 있다. 따라서 마음에서 우러나오는 자발적이고 진정한 인사가 의미 있는 인사이다.

인사는 사회생활에서 서로의 마음을 열게 하는 효과적인 방법으로 서로에 대한 가장 기본적인 예의이다. 또한, 자신의 인격과 교양을 나타내는 것으로, 자신의 이미지를 긍정적으로 높일 수 있는 요소이다. 상대방에게 좋은 첫인상을 심어줄 수 있는 가장 좋은 방법은 밝은 미소를 띤 인사이다.

인사의 기능과 중요성

인사는 말이나 행동, 표정, 선물 등 여러 방법을 통하여 이루어진다. 인사의 일반적인 기능은 사람들 사이의 소원함이나 단절을 막고 사람들 사이에 우호감을 낳게 하며, 집단 구성원들 간의 연대를 강화하는 역할을 한다. 이 밖에 당시의 사회적인 위계 서열을 나타내는 지표 구실을 하기도 한다.

인사는 자신이 상대방을 진정으로 소중하게 여기는 마음과 다정한 인상을 전해주고 자신의 겸손한 자세를 보이기 위한 수단이며, 상대방을 배려하기 위한 최고의 방법이다. 또한, 상대에게 마음을 열어주는 구체적인 행동의 표현이며, 환영, 감사, 반

인사, 인간관계의 첫걸음

가움, 기원, 배려, 염려의 의미가 내포되어 있다. 인사란 상대방을 배려하고 경의를 표하는 것이기도 하지만 나 자신을 위한 것이기도 하다.

인사는 상대방에 대한 존경과 친절을 나타내는 외적 표현이며 원만한 사회생활과 대인관계 유지를 위해 꼭 필요한 행위이다. 그렇다고 나를 낮추는 것이 아니라 상대방으로 하여금 나를 존중하게 하는 것이다.

> ### ! TIP 인사의 중요성
>
> 1. 상대방의 인격을 존중하는 경의의 표시이다.
> 2. 정성의 마음으로 하는 친절과 협조의 표시이다.
> 3. 응답보다는 자기가 하는 데 의의가 있다.
> 4. 즐겁고 명랑한 사회생활, 원만한 대인관계를 유지하는 첫걸음이다.

인사의 종류

인사는 내가 먼저 해야 하는데, 인사할 때는 상대방의 얼굴을 보며 밝은 표정으로 분명하게 인사말을 해야 한다. 이때 시간과 장소, 상황을 고려해서 진심에서 우러나오는 인사를 해야 한다. 이러한 인사에는 목례, 보통례, 정중례가 있다.

① 목례

목례(가벼운 인사)는 눈인사를 말하는데, 3~5m 정도 전방에서 상체를 15° 정도 굽히고 겸손한 마음 자세로 가볍게 하는 인사이다. 그런 만큼 미소 짓는 표정으로 상대방에게 진심이 전해질 수 있도록 눈을 꼭 마주치고 3초 정도 인사를 한다. 다양한 일상생활 중에 간단히 주고받는 인사로, 계단이나 엘리베이터와 같은 좁은 장소나, 화장실, 식당과 같은 장소에 있을 때, 전화 통화 중, 한 번 인사한 사람과 또 마주쳤을 경우에 하는 인사이다.

② 보통례

보통례(보통 인사)는 가장 일반적인 인사로, 남자는 두 팔과 손을 양옆에 붙여서 하고 여자는 공수 자세로 하며, 상체를 각각 30° 정도 구부리면서 하는 인사이다. 정중하지만 과하지 않아 부담을 느끼지 않는 인사로, 서두르지 말고 천천히 공손한 마음에서 경의를 표시한다. 상체를 숙이고 약 1초 정도 멈추고 난 후 천천히 상체를 일으키면서 인사한다. 윗사람이나 중요한 상대에게 하며, 처음 만나거나 헤어질 때, 출퇴근할 때, 고객을 맞이할 때 하는 인사이다.

③ 정중례

정중례(정중한 인사)는 말 그대로 정중함을 가득 담아 상대방에게 표현하는 인사로, 가장 공손한 인사이다. 상체를 45° 정도 숙여서 보통례보다 더욱 정중함을 나타낸다. 예의를 갖추어 감사를 표할 때, 어렵고 중요한 자리의 첫 만남일 경우, VIP 손님을 모실 때, 정중하게 사과를 할 경우에 하는 인사이다.

목례   보통례   정중례

인사의 종류

2 소개 매너

둘 사이에서 양편의 일이 진행되게 주선하거나, 서로 모르는 사람들 사이에서 양편이 알고 지내도록 관계를 맺어주는 일을 소개라고 한다. 가정에서나 회사에서나 누군가를 소개하고 소개받는 매너가 점점 더 중요해지고 있다. 어떻게 소개를 하고 소개를 받느냐에 따라서 그 사람에 대한 이미지도 많이 바뀔 만큼 소개 매너를 제대로 익히는 것이 중요하다.

좋은 사람을 많이 아는 것만큼 소중한 재산은 없다. 아는 사람의 도움을 받아 어려움을 모면했다거나 적지 않은 성과를 올렸다거나, 좋은 사람을 통해 업무를 성공적으로 마치고 슬럼프를 이겨냈다고 말하는 사람을 주변에서 볼 수 있다. 대부분 업무를 통해 넓혀가는 인간관계이겠지만, 단 한 번을 만났다 하더라도 상대를 기억해 두는 것은 현대를 살아가는 우리에게 매우 중요한 일이다.

사회생활에서 대인관계의 시작은 만남에서부터 시작된다. 새로운 많은 사람을 만나는 장소에서 자신을 소개하거나 동행한 상대를 다른 사람에게 소개할 때도 형식과 매너를 갖추어야 한다. 처음 만나는 자리에서 어색하지 않고 자연스러우면서 매너를 갖춘 소개가 이루어지면, 상대가 갖는 자신의 첫 이미지는 호감적으로 오래 기억될 것이다.

소개 순서

① 남성을 여성에게 먼저 소개한다.
② 연소자를 연장자에게 먼저 소개한다.
③ 손아랫사람을 손윗사람에게 먼저 소개한다.
④ 지위가 낮은 사람을 높은 사람에게 먼저 소개한다.
⑤ 미혼인 사람을 기혼인 사람에게 먼저 소개한다.
⑥ 집안사람을 손님에게 먼저 소개한다.

⑦ 한 사람을 여러 사람에게 먼저 소개한다.

⑧ 자신의 동료를 외부 고객에게 먼저 소개한다.

⑨ 고객, 상사, 자신이 함께 만나는 경우 상사를 고객에게 먼저 소개한다.

⑩ 사회적 지위나 연령이 비슷하면 소개하는 사람과 친한 사람을 먼저 소개한다.

⑪ 양쪽을 소개할 때 극존칭은 피한다.

소개 원칙

① 앉아 있는 자리라면 모두 일어나는 것이 예의이다(예외: 환자나 고령자).

② 소개자의 소속, 직책, 성명 등을 간단하게 설명한다.

③ 연장자가 소개를 받고 악수 대신 간단한 인사를 하면 연소자도 이에 따른다.

④ 부부를 소개받을 경우 동성 간에는 악수, 이성 간에는 간단히 목례를 한다.

⑤ 혼합된 다수의 사람이 있을 때는 각자 소개하는 것이 좋다.

⑥ 상대방에게 소개할 때는 흥미 있는 정보를 교환하면서 소개하는 것이 좋다.

⑦ 연소자가 연장자에게 소개되었을 때 연장자가 악수를 청하기 전에 절대 손을 내밀지 않는다.

소개, 양편이 알고 지내도록 관계를 맺어주는 일

Chap 07 매너와 에티켓 이미지

3 악수 매너

악수는 가장 보편적인 인사 방법으로, 인사, 감사, 친애, 화해 등의 뜻을 나타내기 위하여 두 사람이 각자 한 손을 마주 내어 잡는 일을 말한다. 악수할 때는 보통 오른손을 내밀어 잡는데, 이때 상대방의 눈을 보면서 부드럽게 미소를 머금은 채 손을 팔꿈치 높이만큼 올려서 상대방의 손을 잠시 잡았다 놓는다.

악수는 서로 손을 잡고 가볍게 흔드는 간단한 동작으로, 가장 일반화된 예절이다. 따라서 무엇보다 예절에 어긋나지 않게 해야 한다. 악수는 소개 후 서로 나누는 인사로 신체 접촉을 통해 친근감을 나타내는 행동이며, 사교 활동에서 중요한 요소로 작용한다.

악수는 대인관계에서 상대방에게 반가움과 믿음을 전달하는 행위이다. 따라서 정중하고 바른 자세로 매너와 에티켓을 지키는 것이 좋다. 자신감을 가지고 손을 잡고 상대방을 존중하고 친밀감을 전달할 수 있는 악수 예절이 필요하다.

악수 순서

① 여성이 남성에게 먼저 청한다.
② 남녀 간에도 상하의 관계에서는 윗사람이 아랫사람에게 먼저 청한다.
③ 연장자가 연소자에게 먼저 청한다.
④ 윗사람이 아랫사람에게 먼저 청한다.
⑤ 기혼인 사람이 미혼인 사람에게 먼저 청한다.
⑥ 선배가 후배에게 먼저 청한다.

악수 원칙

악수는 상대방에 대한 존경과 반가움의 표현으로 상황에 따라 적절하게 해야 한다. 무엇보다 예절에 벗어나지 않도록 해야 한다.

퍼스널 이미지 커뮤니케이션

① 오른손으로 하는 것이 원칙이다.

② 악수할 때 상대방의 눈을 마주 보고 신뢰감을 준다.

③ 밝은 표정으로 자연스럽고 편안한 미소와 함께 악수한다.

④ 손바닥 전체로 손을 가볍게 감싸 쥐고 악수한다.

⑤ 여러 사람과 악수할 경우 악수를 하며 다른 사람을 바라보지 않으며, 한 사람과 마무리한 후 다른 사람을 바라보며 악수한다.

⑥ 손은 가볍게 흔들되, 자신의 어깨높이보다 더 올려서 흔들지 않는다.

⑦ 너무 오랫동안 손을 쥐지 않고 적당한 시점에서 손을 놓는다.

⑧ 악수하면서 양손을 잡는다거나 어깨를 껴안는 등 과장된 행동을 삼간다.

⑨ 상대방이 웃어른이면 먼저 인사를 하고 난 후 어른의 의사에 따라 악수한다.

⑩ 남성은 장갑을 벗어야 하는데, 특히 여성과 악수할 때는 반드시 벗는다.

⑪ 상대방이 악수를 청할 때 남성은 반드시 일어서며, 여성은 앉은 채로 해도 무방하나 청하는 사람의 지위나 나이 등을 감안해서 행동한다.

⑫ 악수의 원칙에서 예외 대상은 국가 원수, 왕족, 성직자 등이다.

악수, 가장 일반화된 예절

4 명함 주고받을 때의 매너

명함은 처음 만나는 상대방에게 자신의 이름과 소속 그리고 SNS명과 연락처 등을 알리고 증명하는 자기소개서로, 그 사람의 얼굴과도 같다고 할 수 있다. 따라서 상대방에게 명함을 건넬 때 정중하게 건네야 하며, 상대방으로부터 명함을 받았을 때 소중히 다루어주는 것이 매너이다.

명함은 인사의 도구이자 홍보의 중요한 수단이다. 따라서 최근에는 많은 사람이 직업 특색과 자신만의 이미지와 개성을 나타내기 위해 명함의 글씨체나 색상, 디자인 등에 신경 쓰고 있다. 또한, 현대인의 필수 앱이라고 할 수 있는 명함 어플을 많이 사용하고 있는 추세이기도 하다.

명함 전달 순서

명함을 전달하는 순서는 기본적으로 악수 매너와 같은데, 그 외의 경우에는 직원이 고객에게, 방문한 사람이 주인에게 먼저 건네며, 소개받는 경우 소개받는 사람부터 건넨다. 상대가 두 사람 이상일 때는 들어오는 순서대로 전하거나 가장 윗사람(연장자)부터 건넨다.

명함 건넬 때

① 만나자마자 바로 건네는 것이 아니라 악수를 청한 후에 건넨다.
② 인사를 하면서 인사말과 함께 이름과 소속을 정확히 밝히면서 건넨다.
③ 일어서서 왼손으로 받쳐서 오른손으로 건네되, 상대방이 읽기 좋게 글씨를 상대방 쪽으로 돌려서 건넨다.
④ 명함을 건네는 위치는 상대방의 가슴 높이 정도가 적당하다.
⑤ 동시에 주고받을 때는 왼손으로 받고 오른손으로 건넨다.

명함 받을 때

① 일어서서 두 손으로 받는다.

② 받은 명함은 그 자리에서 확인하고, 읽기 어려운 글자나 궁금한 내용은 그 자리에서 물어본다.

③ 상대방의 이름이 가려지지 않도록 명함의 테두리를 잡아서 받는다.

④ 받은 명함을 바로 명함집이나 주머니에 넣지 않는다.

> **TIP 에티켓에 어긋나는 명함 주고받기**
>
> 1. 명함을 받자마자 주머니에 넣는다.
> 2. 상대방 앞에서 받은 명함 위에 낙서를 한다.
> 3. 받은 명함을 그 자리에서 구긴다.
> 4. 받은 명함을 상대방의 테이블 위에 놓고 나온다.
> 5. 명함을 받은 후 상대방의 이름을 기억하지 못해서 주머니에서 꺼내본다.

명함, 그 사람의 얼굴

 정보마당

평상시 지켜야 할 직장 매너

① 출근 매너

트렌드에 너무 뒤떨어진 복장이나 최첨단을 걷고 있는 듯한 파격적인 복장은 피하고 용모와 복장을 단정히 하고 출근한다. 정해진 출근 시각 안에 늦지 않도록 출근하여 상사나 동료들과 인사를 나누고 자리에 앉는다.

② 사무실 매너

사무실에서 잠시 자리를 비울 때는 사적인 일이든 공적인 일이든 옆사람에게 말을 하고 나간다. 장시간 자리를 비울 때는 상사의 허락을 받고 나가며 돌아와서는 보고를 한다. 근무 중에는 사적인 일은 피하고 업무 관련 일에 집중하며, 동료와 협력해야 하는 일은 적극 협력한다.

③ 전화 매너

전화를 걸 때는 자신의 이름과 소속을 밝히며 상대를 바꾸어 달라고 부탁한다. 통화를 끝낼 때는 전화를 건 쪽에서 먼저 수화기를 놓는다. 전화를 받을 때는 벨이 세 번 이상 울리기 전에 받아야 하고, 전화를 받으면서 소속 부서와 자신의 이름을 밝힌다. 항상 미소 띤 목소리로 통화하며 인사로 시작하고 인사로 끝을 맺는다. 용건이 급하다고 해서 자신의 말만 앞세우거나 재촉하는 것은 상대방에게 나쁜 이미지를 주기 때문에 피한다. 통화는 간단하고 명료하게 한다.

④ 거래처 방문 매너

담당자 이외의 사람이 나오면 몇 걸음 뒤에서, 새로운 담당자라면 나란히 걸어서 함께 대기 장소로 간다. 이때 무리하게 대화를 나누려고 할 필요는 없다. 대기실에서 기다리는 동안 휴대 전화의 전원을 끄고 자료나 메모지를 준비해 놓는다.

⑤ 프레젠테이션 매너

프리젠테이션의 포인트는 전달뿐만이 아니라 커뮤니케이션을 중시해 공감을 얻는 것이다. 따라서 일방적으로 설명만 하지 말고 듣는 사람들의 반응을 보면서 한다. 성실성과 신뢰감을 강조하기 위해서는 단정하고 청결한 옷차림과 산뜻한 인상을 주어야 한다.

⑥ 퇴근 매너

근무 시간이 끝나고 퇴근할 때는 오늘 처리한 일을 정리하고 내일 해야 할 일이 무엇인지 미리 점검해 둔다. 그리고 퇴근 시간이 되기 전에 미리 책상을 정리하는 일이 없도록 하며, 시간이 되면 상사나 동료에게 인사를 하고 퇴근한다.

퍼스널 이미지 커뮤니케이션

나의 자세를 평가해 보자

1. 매너와 에티켓은 우리 생활의 모든 부분에서 자연스럽게 표출되어야 하는 개인의 필수 덕목이자 능력으로 간주하고 있다. 나의 삶에서 매너와 에티켓을 잘 지켜서 이익이 되었던 경험과 이를 잘 지키지 않아서 손해를 보았던 경험을 적어 보자.

잘 지켜서 이익이 되었던 경험	잘 지키지 않아서 손해를 보았던 경험

2. 매너란 사람마다 가지고 있는 독특한 습관이나 몸가짐을 뜻한다. 이러한 매너는 그 사람의 마음가짐과 인격에서 나온다. 기본 예절 중 인사, 소개, 악수, 명함 주고받기의 올바른 방법과 이를 지키기 위한 매너와 에티켓은 무엇인지 정리해 보자.

구분	올바른 방법	매너와 에티켓
인사		
소개		
악수		
명함 주고받기		

패션 이미지

패션의 이해

패션은 끊임없이 변화하면서 현재의 유행으로 이어진다. 이러한 현상은 무엇보다 시대의 흐름에 따라 환경이 변하고 개인의 사소한 취향이 달라지기 때문에 나타난다. 패션은 옷이나 모습에 쓰이지만, 패션의 개념은 음악, 예술, 정치 그리고 심지어는 수학과 프로그래밍 기술의 선택에까지도 스며든다. 주로 의복의 유행을 가리키는 데 쓰이지만 가구, 공예, 건축, 인테리어, 액세서리 등 광범위하게 쓰이기도 한다.

1 패션의 개념

패션(Fashion)이란 특정한 시기에 유행하는 복식이나 두발의 일정한 형식이나 새로운 양식을 말하며, 그 시대의 아름다움을 반영한다. 사람마다 보는 관점도 가지각색이며, 유행은 세월 따라 자연스럽게 변하기 마련이라 복고 패션이 다시 유행하는 패션이 되기도 한다.

패션(Fashion)은 행위나 활동하는 것(Doing) 또는 만드는 것(Making)을 뜻하는 라틴어의 팍티오(Factio)에서 유래하였다. 사전적 의미는 양식, 방식, 형, 유행, 관습, 습관 등 다양하며, 실제로 모든 생활 양식 그 자체가 패션이라 할 수 있다. 즉, 주어진 장소에서 특정 시기에 다수의 집단 구성원에 의해 널리 받아들여지고 채택되는 스타일 또는 생활 양식을 말한다.

우리 생활에 있어서 가장 오래되었으면서도 항상 새로운 것을 지향하는 패션은 유행을 창조하는 사람이나 유행 상품을 생산하고, 판매하는 사람뿐만 아니라 유행 의상을 멋있게 입으려는 사람들에게 늘 관심의 대상이 되어오고 있다. 현대인은 옷을 입는 것이 아니라 패션을 입는다고 할 수 있을 정도로 자의든 타의든 간에 패션의 영향을 받으며 패션 시대에 살고 있다.

패션 트렌드는 그 시대의 문화와 사회, 정치, 경제, 환경을 들여다볼 수 있는 비언어적 도구이다. 패션에 대한 정보는 수없이 많으며, 패션 트렌드의 변화 속도는 빠르게 느껴진다. 빠르게 변화하는 패션 트렌드 속에서 유행에 뒤처지지 않는 긍정적인 패션 이미지를 찾아 가꾸기는 쉽지 않다. 패션과 관련된 폭넓은 안목과 지식 등을 갖추면 시간과 장소, 직업, 신분에 맞는 이미지로 연출할 수 있다.

2 패션의 기능

인간은 기후 변화에 적응할 수 있도록 옷을 입음으로써 신체를 보호하고, 자신에게 어울리는 옷차림을 함으로써 개성을 표현한다. 일상의 옷차림에서 이러한 의복의 기능이 효과적으로 발휘될 때 신체적으로 쾌적하고 심리적으로 만족스러운 의생활을 영위할 수 있다. 옷의 기능에는 여러 가지가 있는데, 의복의 종류에 따라서 강조되는 기능이 다르다. 따라서 이들 기능이 착용 목적에 알맞게 조화를 이루었을 때 가장 편안하며 아름다운 옷차림이 된다.

신체 보호

① 체온 유지
사람의 몸은 기온이 변화해도 스스로 체온을 조절하는 기능을 가지고 있어 평상시 36.5℃를 유지한다. 그러나 기온이 급격히 변화하여 스스로 조절할 수 있는 범위를 벗어나면 그 변화에 맞추어 옷을 알맞게 입어야 체온 유지가 가능해진다. 옷은 외부 기후와는 다른 옷 속의 기온을 형성해주기 때문에 일종의 움직이는 환경으로도 불린다. 옷으로 조절이 가능한 온도 범위는 18±8℃(10~26℃)로, 이 범위를 지나면 냉난방의 도움이 필요하다.

체온 유지(방한복)

신체 보호(방제복, 아이스하키복, 소방복)

② 신체 보호

옷은 자연환경의 위험으로부터 신체를 보호해준다. 옷은 크게 속옷과 겉옷으로 분류되는데, 속옷은 피부에서 분비되는 땀과 지방을 흡수하며 겉옷은 대기 중의 먼지나 세균 등의 오염 물질이 피부에 닿는 것을 막아준다. 양말은 발바닥의 땀을 흡수하고 피부가 먼지에 오염되는 것을 막아준다. 신체를 보호하는 특수복에는 소방복, 잠수복, 우주복, 환경미화원의 야광조끼, 공사장의 헬멧, 운동선수의 특수한 운동복, 농약 방제복, 실험복, 수술복, 단전 장갑 등이 있다.

표현

① 아름다움의 표현

인간에게는 미적 감각을 표현하기 위해 신체를 장식하려는 본능적인 충동이 있다. 의복의 착용은 자기 몸을 아름답게 꾸미고 싶은 욕망에서 비롯되었다는 설이 있다. 옷은 색깔, 질감, 모양 등으로 아름다움을 표현한다.

② 신분의 표현

신분(연령, 직업, 생활 양식, 교육 정도)이 비슷한 정도의 사람들은 입는 옷의 종류나 형태가 비슷한 특성이 있다. 그래서 옷차림을 통해서 상대방의 개인적인 사항을 짐작할 수 있다. 직업이나 역할에 따른 제복을 입으면 소속감을 느끼고, 역할에 맞는 행동을 하게 되며 자신의 일에 사명감과 책임감을 가지게 된다. 또한 다른 사람들도 의복을 보고 그 사람의 역할을 알 수 있으므로 일의 능률을 높일 수 있다. 신분을 표현하는 옷에는 교복, 경찰복, 군복, 회사의 제복, 성직자복, 의사복, 간호사복, 스카우트 복장 등이 있다.

③ 개성의 표현
사람은 자기의 몸을 아름답게 꾸미고, 개성을 나타내어 남다르게 보이고 싶어 한다. 옷의 디자인, 색깔, 무늬, 재질, 입는 방법 등과 장식에 따라 가치관이나 개성을 표현할 수 있다. 개성 있는 옷차림이란 나다움을 표현하는 옷차림으로, 성격, 가치관, 흥미, 신체적 특징 등 자신의 특성을 의복을 통해 나타내는 것이다. 오늘날은 산업화로 물자가 풍부해지면서 자신만의 독특한 차림을 하려는 경향이 더욱 뚜렷하게 나타나고 있다.

④ 예의의 표현
때와 장소, 목적에 맞는 옷차림을 함으로써 자신의 교양과 품위를 나타내며 남에게 좋은 인상을 주어 원만한 사회생활을 할 수 있다. 또한, 예의에 맞는 복장을 갖추게 되면 상대방으로부터 믿음과 신뢰감을 얻을 수 있다. 따라서 혼례식, 장례식, 병문안, 학교, 직장, 공식 석상 등에 어울리는 옷차림을 한다.

아름다움의 표현

신분의 표현(수녀, 의사와 간호사, 경찰관)

2. 패션 스타일링

어떤 무드로 연출하고 어떤 이미지의 옷을 입느냐에 따라서 자신의 이미지가 달라진다. 발생과 소멸을 거듭하는 패션은 이제 자기를 표현하는 수단이 되었다. 다양한 패션 스타일로 개성을 뽐내는 시대이다. 나에게 맞는 패션 스타일은 무엇인지 찾아서 나의 이미지를 개선해 보자.

1 패션 스타일링의 이해

패션 스타일링의 의미

스타일링(Styling)의 사전적 의미는 색, 디자인, 실루엣 등 여러 가지 요소로부터 유행형의 옷을 만드는 것이다. 패션 스타일링은 의복에서 소품까지 하나의 스타일로서 머리에서부터 발끝까지 사용되는 아이템이 서로 통합, 통일, 조화되어 착용자의 개성에 어울리도록 연출하는 토탈 이미지 개념이다. 스타일링이 기본 방향을 설정하기 위해서는 디자인, 콘셉트, 모델 또는 착용자의 이미지, 직업, 나이, 역할, 경제적 여건 등을 고려해야 한다. 패션 스타일링은 시즌 트렌드와 여러 아이템의 조화를 위한 새로운 아이디어로 이미지를 창출하는 데 의미가 있다.

패션 스타일링(Fashion Styling)이란 의복을 주축으로 메이크업, 헤어스타일, 액세서리, 소품 등의 아이템을 통하여 전체적인 통일감과 균형감을 가진 연출을 통하여 착용자의 이미지가 돋보이도록 하고, 옷을 입을 때 자기만의 새롭고 개성 있는 취향을 창출하는 것이다.

패션 스타일링의 목적

사회가 발달하고 복식 문화가 발달하면서, 의복은 단순 물질 이상으로서의 의미를 갖게 되었다. 의복은 착용자와 정신적인 교류를 이루는 과정에서, 착용자의 의지와 감정을 표현하는 하나의 수단으로 활용되고 있다. 21세기는 소비자의 감성을 중심으로, 과거 패션에서부터 현대 패션까지 다양하게 활용되고 접목되어 상호 공존하는 복합적인 양상으로 나타나는 추세이다.

패션 스타일링의 목적은 자신만의 멋을 살리기 위해서 정형화, 규격화하여 개성을 감추는 것이 아니라 현대인의 다양한 라이프 스타일을 고려하여 개인의 특성과 주변 상황에 어울리는 자기 연출을 하는 것이다. 스타일링의 효과를 극대화하기 위해서는 기본적인 스타일링 지식에 더하여 외모와 신체의 단점을 보완하고 기능성과 창조력을 발휘하는 데 필요한 스타일링 감각과 테크닉을 겸비해야 한다.

패션 스타일링은 주어진 목적이나 콘셉트에 맞게 관련 요소를 조합하여 패션 이미지를 창출하는 의사 결정 및 기획 과정이다. 패션 스타일링은 시대적 유행, 착용자의 욕구와 개인의 스타일 등이 고려되어야 하며, 균형, 리듬, 강조, 비례로 트렌드를 반영한다.

패션은 트렌드를 반영한다

2 여성의 체형에 따른 패션 스타일링

키가 작고 마른 체형

왜소하고 빈약해 보이기 쉬운 체형으로, 상의와 하의의 색상을 통일하여 수직선의 효과를 주는 것이 좋다. 상의는 짧고 하의는 길게 배치하면 시선이 위로 집중되어 키가 커 보인다. 지나치게 타이트한 스타일의 옷을 입으면 빈약한 느낌이 들므로 여유 있는 재킷이나 팬츠를 이용하여 여유로운 실루엣을 연출하는 것이 좋다. 또한, 밝은 색의 재킷에 무릎길이의 샤넬라인 스커트를 입으면 발랄함을 연출할 수 있다.

키가 작고 뚱뚱한 체형

수직적인 착시 현상을 이용하는 것이 중요한데, 귀엽고 깜찍한 이미지의 의상이 잘 어울린다. 도트 무늬, 세로선 등이 들어간 옷이 조금 더 길어 보이는 효과가 있으며, 상의는 밝고 하의는 어둡게 연출하는 것이 좋다. 키가 작더라도 롱팬츠나 롱스커트를 과감하게 입고 구두를 매치하면 하체가 한결 길어 보일 수 있다. 원피스를 착용하는 것도 괜찮다.

작고 마른 체형 스타일링 　　　　　　　작고 뚱뚱한 체형 스타일링

퍼스널 이미지 커뮤니케이션

키가 크고 마른 체형

키가 크고 마른 장점을 최대한으로 활용하는 것이 좋은데, 수평선의 효과를 적극 활용하는 것이 효과적이다. 레이어드 스타일을 과감하게 시도해도 좋다. 어두운 계열의 솔리드한 옷감보다 볼륨감 있고 프린트 있는 소재를 적극 활용하는 것도 좋다. 색상은 낮은 그린 톤과 회색 톤을 응용하면 세련된 연출을 할 수 있다. 가로선 무늬의 옷이나 아래쪽으로 갈수록 넓게 퍼지는 A라인 스커트, 플레어스커트는 키가 작아 보이는 효과와 함께 귀여운 느낌을 연출할 수 있다.

키가 크고 뚱뚱한 체형

너무 화려한 스타일보다는 심플한 스타일이 잘 어울린다. 세로선이 들어간 셔츠, 일자 팬츠, 샤프한 슈트 등을 착용하면 좋으며, 너무 차가운 계열의 색상으로만 일관하면 오히려 더 무거워 보일 수 있다. 허리선이 약간 들어간 롱 재킷으로 엉덩이를 가려주는 것이 좋으며, 발목으로 갈수록 좁아지는 팬츠를 입는 것도 같은 방법이다. 가슴이 큰 사람은 상체의 액세서리는 피하는 것이 좋다. 가로줄 스트라이프나 큰 문양, 화려한 색상은 피한다.

크고 마른 체형 스타일링

크고 뚱뚱한 체형 스타일링

여성의 체형

체형은 체격을 인체의 모양으로 외견상의 특징에 의하여 분류한 유형을 말한다. 해부학상으로는 개인의 형태적 구조를 결정하는 기본적 성분의 성격이라고 되어 있다. 내부 구조의 조직이 밖으로 나타나서 외형을 모양 짓고 있는 것을 가리키는데, 일반적으로 겉으로 드러나는 신체의 윤곽선을 말한다. 체형이란 이렇듯 가장 마지막에 완성되는 인체의 외형을 가리키는 말이다. 체형에 맞는 옷을 입어야 자신의 이미지를 한층 돋보이게 할 수 있다.

체형은 의복뿐만 아니라 모자, 신발, 의자 등의 적합에 중요한 요소이다. 사람마다 얼굴의 생김새가 다른 것처럼 체형도 사람마다 다르다. 여성의 체형은 어깨너비, 허리 너비, 엉덩이 너비를 기준으로 구분한다. 외형적인 형태를 크게 모래시계형, 삼각형, 역삼각형, 직사각형, 둥근형 체형으로 나눈다.

어떻게 하면 자신의 체형을 돋보이게 하는 옷을 찾을 수 있을까? 자신의 신체 비율을 제대로 알고 장점을 최대한 부각시키는 패션을 이용하며, 단점은 보완하거나 감추는 연출을 해야 한다.

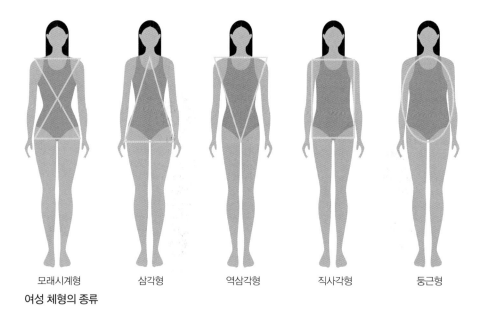

| 모래시계형 | 삼각형 | 역삼각형 | 직사각형 | 둥근형 |

여성 체형의 종류

퍼스널 이미지 커뮤니케이션

이상적인 체형

전체적으로 균형 잡힌 체형으로, 상체와 하체의 균형이 잘 잡혀 보인다. 모래시계형과 사각형의 중간 체형으로, 패션 스타일링으로 다양한 인체 실루엣을 연출할 수 있으며, 모든 스타일을 소화할 수 있다. 이상적인 체형으로는 키가 크고 마른 패션 모델의 체형을 들 수 있다. 대체적으로 어깨와 허리의 균형이 잘 잡혀 있으며, 허리선이 확실하게 들어가 있다. 팔과 다리는 길고 가늘며 체형을 보정하지 않아도 대부분의 의상이 잘 어울린다.

모래시계형 체형

볼륨감 있는 상반신과 들어간 허리로 전체적으로 글래머형 스타일이다. 가슴과 엉덩이가 풍만하고 허리는 상대적으로 가늘다. 현대 여성의 가장 이상적인 체형으로, 전체적으로 균형 잡힌 몸매를 이루어 관능미를 느낄 수 있다. 허리선의 구분이 없으면 볼륨이 강조되어 몸이 확대되어 보인다. 허리를 타이트하게 하여 여성미를 강조하는 것이 좋다. 목선은 둥글게 깊이 파이거나 V라인으로 부드럽고 느슨한 주름 등이 잘 어울린다.

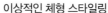

이상적인 체형 스타일링   모래시계형 체형 스타일링

삼각형 체형

어깨 폭이 엉덩이 폭보다 좁고 엉덩이나 넓적다리에 살이 많은 체형으로, 상체는 빈약하고 하체가 큰 체형이다. 엉덩이는 풍만하고 둥글며 다리는 짧은 체형으로, 우리나라 여성에게 가장 많은 체형이다. 목선이 넓은 옷이 좋으며 상의는 어깨가 넓어 보이는 장식과 가슴 부분에 볼륨과 여유가 있어 어깨가 확대되어 보이는 광택성 소재의 밝고 무늬가 있는 의상이 좋다. 엉덩이가 강조되지 않도록 유의하며 액세서리도 시선이 위로 집중될 수 있도록 착용하는 것이 좋다.

역삼각형 체형

어깨가 넓고 허리와 엉덩이가 어깨너비에 비해 좁은 체형으로, 어깨의 건장한 느낌 탓에 활발하고 남성적인 이미지를 풍긴다. 어깨가 넓고 등이 벌어져 있어 건장하게 보이는데, 다리는 가늘며 가슴이 큰 경우도 있다. 넓은 어깨를 축소시키고 좁은 허리와 골반을 넓혀주는 스타일링이 필요하다. 상반신을 작아 보이게 하고, 엉덩이를 강조하는 것이 좋다. 어깨가 넓어 보이지 않게 어깨 장식이나 폭이 넓은 칼라 등 상체를 강조하는 의상은 피하고, 무늬는 단색이 어울린다.

삼각형 체형 스타일링   역삼각형 체형 스타일링

퍼스널 이미지 커뮤니케이션

직사각형 체형

어깨와 엉덩이의 균형은 맞지만, 어깨, 허리, 엉덩이와 대퇴부의 넓이가 거의 같은 폭을 가지고 있는 일직선의 체형이다. 전체적으로 부드러운 느낌보다는 허리 라인도 확실하지 않아 남성적인 이미지를 풍긴다. 벨트의 로 웨이스트(Low Waist) 하의를 이용하여 여성적인 라인이 강조되도록 한다. 전체적으로 허리 라인이 정확하지 않아 굵어 보이므로 허리선을 강조하면 볼륨이 돋보일 수 있으며, 가로줄무늬나 박스 스타일은 피한다.

둥근형 체형

허리, 가슴, 엉덩이 등의 사이즈가 모두 크고 배도 나온 타입이다. 허리선이 확실하지 않고 상반신에 볼륨이 많은 스타일로, 가능하면 상체에 시선이 끌리도록 연출하거나 세로로 가늘게 보이도록 하는 것이 좋다. 허리 부분을 커버하면 하체를 날씬하게 보일 수 있다. 상의는 세로로 긴 스타일의 목걸이나 액세서리 등으로 연출하고 시선이 얼굴과 어깨에 머물게 한다. 허리를 강조하고 부드러운 옷감, 물방울무늬나 꽃무늬로 연출하는 것이 효과적이다.

직사각형 체형 스타일링

둥근형 체형 스타일링

3 남성의 체형에 따른 패션 스타일링

남성의 체형

남성 체형의 일반적인 특징은 여성과 비교하여 평균 키, 어깨길이, 팔, 다리 등의 길이와 목과 목둘레, 가슴둘레, 허리둘레 등의 둘레 항목이 길고 넓으나 엉덩이 너비는 좁다. 골격과 상반신 근육이 현저히 발달하고, 체지방은 하반신보다 상반신에 두껍게 축적되어 있다. 남성의 체형은 외형적 형태를 기준으로 크게 역삼각형(T형), 직사각형(H형), 오벌형(O형) 체형으로 나눈다.

역삼각형 체형

어깨와 가슴이 넓기 때문에 상대적으로 골반과 허리가 좁아 보이는 형태로, 남성적인 매력과 건강미가 돋보이는 이상적인 남성의 체형이다. 상대적으로 묻혀 있는 허리와 골반에 초점을 맞추어 상체와 하체의 균형을 적절하게 맞추어야 한다. 짙은색 상의와 밝은색 하의가 좋으며, 어깨가 좁아 보이도록 조끼를 착용하거나 얇은 니트를 입어 체격이 커 보이지 않게 한다.

역삼각형(T형)　　직사각형(H형)　　오벌형(O형)

남성 체형의 종류　　　　　**역삼각형 체형 스타일링**

퍼스널 이미지 커뮤니케이션

직사각형 체형

남성의 가장 일반적인 체형으로, 어깨가 특별히 넓지 않고 가슴과 엉덩이가 직선형으로 날씬하고 매끈하다. 너무 마르거나 키가 작은 체형을 제외하고는 직선형으로 세련되고 지적인 인상을 주는 타입이다. 너무 슬림한 것은 피하고 헐거운 실루엣을 선택하는 것이 좋으며, 다양한 스타일 연출이 가능하다. 어깨에 커다란 패드로 볼륨감을 주고 허리를 가늘어 보이게 연출한다. 슈트의 경우 투 버튼이나 더블 스타일의 사이드 벤트를 선택하면 이상적인 이미지를 연출할 수 있다.

오벌형 체형

오벌형은 어깨는 부드럽게 내려오고 허리와 엉덩이둘레는 크게 차이가 없으며, 허리둘레가 두꺼운 체형이다. 중년 이후의 남성에게서 많이 볼 수 있는 목이 짧은 오벌형은 자칫 둔해 보일 수 있는 인상을 당당하고 활력 있게 보이도록 스타일링을 해야하는데, 직선적인 실루엣으로 표현하는 것이 좋다. 상의와 하의는 동일한 색상이나 같은 계열로 매치시키는 것이 잘 어울린다. 넥타이를 포인트로 사용하면 활력 있는 남성 이미지를 연출할 수 있다.

직사각형 체형 스타일링

오벌형 체형 스타일링

4 이미지별 패션 스타일링

엘레강스 이미지 스타일링

엘레강스(Elegance)는 품위 있고 우아하며 고상한 분위기의 여성의 아름다움을 나타내는 스타일이다. 색상은 우아하고 색이 바랜 듯한 이미지를 나타내기 위해 엷은 탁색계를 중심으로 온화하게 배색하며 강한 느낌의 배색은 자제한다. 신체 라인을 돋보이게 하여 곡선미를 강조하는데, 슬림한 실루엣이나 허리 라인을 강조하여 여성의 아름다움을 부각시킨다. 최소한의 디테일을 사용하여 절제된 느낌을 준다.

로맨틱 이미지 스타일링

로맨틱(Romantic)은 부드럽고 사랑스러운 이미지로, 여인보다는 낭만적이고 감미로운 소녀의 감성을 느낄 수 있다. 섬세하고 다정하며 달콤한 무드가 흐르는 화사한 분위기, 밝고 가벼우며 부드러운 느낌을 주는 페일, 라이트, 라이트 그레이시 톤과 같은 옅은 파스텔 톤 색상을 사용한다. 프릴이나 레이스가 들어간 19세기 프랑스 인형이나 작은 꽃무늬와 풀포기가 그려진 영국풍의 전원 이미지가 해당된다.

  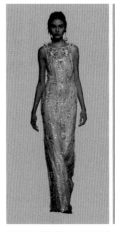

엘레강스 이미지 스타일링   로맨틱 이미지 스타일링

퍼스널 이미지 커뮤니케이션

매니시 이미지 스타일링

매니시(Mannish)는 남성적이라는 의미로서 남성복 디자인을 여성복에 적용하여 남성적인 감각으로 표현한 스타일이다. 남성다움을 통한 여성미의 표현인 매니시 이미지는 댄디(Dandy), 밀리터리(Military), 마린(Marine) 룩 등이 포함된다. 신사복의 중후하고 클래식한 감성이 커리어 우먼(Career Woman) 여성복에 표현되고, 주로 어둡고 차분한 색상을 사용한다. 이는 여성 의상 디자인에서 꾸준한 생명력을 가지고 견실하고 격조 있는 멋쟁이 감각과 남성다움을 포인트로 삼는다.

클래식 이미지 스타일링

클래식(Classic)은 고전적이고 전통적이며 보수적인 의미로, 세련되고 지적이며 품위 있는 이미지를 표현한다. 오랜 세월 동안 손에 익숙해지고 사용되어진 느낌으로 깊이감과 격조감이 있는 분위기이며, 시대를 초월한 가치와 보편성을 가지고 있다. 색상은 깊이감이 있는 어두운 색조가 주를 이루는데, 마음에 풍요로움과 따뜻함을 느끼게 하는 갈색 계통을 중심으로 베이지, 다크 브라운, 와인, 금색, 다크 그린 등의 중후하고 격조 있는 색조가 좋다.

매니시 이미지 스타일링   클래식 이미지 스타일링

모던 이미지 스타일링

모던(Modern)은 새로운 것을 추구하는 미래 지향적 스타일이다. 기능적이면서 심플하고 기하학적이며 장식을 배제한 도시적 감성을 지닌 이미지를 추구한다. 정신적 풍요로움과 시각적 즐거움을 줄 수 있는 디자인으로, 상식적인 스타일과는 달리 새롭고 특이한 디자인을 지적인 멋으로 승화시키거나, 대비되는 강한 배색을 사용하여 현대적 이미지를 표현한다. 색상은 기본적으로 무채색 계열과 파랑 계열의 차가운 색, 기계적인 색으로 차가운 분위기와 명확한 느낌을 강조한다.

아방가르드 이미지 스타일링

아방가르드(Avant-Garde)는 기존의 고정관념을 탈피한 실험적이고 창조적인 감성의 이미지이다. 기존의 복식 규범을 깨뜨리는 경향이 강하고, 대중적이지 않은 독창적이고 기발한 디자인으로 기능성이나 실용성보다는 예술성을 강조한다. 흰색과 검은색은 이러한 이미지를 잘 표현하며, 여기에 길이가 다른 밑단선, 앞뒤 구분의 파괴, 비대칭의 재단 등 독특한 실루엣으로 강한 개성을 표현하여 전위적인 효과를 연출할 수 있다.

모던 이미지 스타일링   아방가르드 이미지 스타일링

퍼스널 이미지 커뮤니케이션

에스닉 이미지 스타일링

에스닉(Ethnic)은 특정 지역의 자연환경, 생활 풍습 등에서 생겨난 자연스럽고 민속적인 이미지이다. 이는 사람들의 마음속에 있는 자연 또는 향토, 조국에 대한 향수를 내포하고 있다. 세계의 각 나라에서 전해 내려오는 민속 의상에 나타난 고유의 염색, 직물, 자수, 문양, 액세서리 등에서 영감을 얻어 표현한 디자인이 많다. 색상은 어둡지만 선명한 색조의 빨강, 주황, 초록, 갈색, 보라 등을 주조색으로 사용하며, 톤은 비비드 톤과 딥 톤, 다크 톤을 사용한다.

내추럴 이미지 스타일링

내추럴(Natural)은 자연스러움을 추구하는 스타일로, 대자연에서 찾을 수 있는 풍요로움, 친근감, 온화함을 느낄 수 있는 이미지이다. 꾸미지 않은 자연 그대로의 순수한 아름다움을 말한다. 색상은 소재가 지닌 본래의 자연스러운 색인 흙, 나무, 풀 등을 나타낼 수 있는 갈색, 베이지, 녹색 등을 많이 사용한다. 심플하면서 강렬하지 않고 은은한 색상이 주를 이루는데, 문양을 거의 사용하지 않아 시각적으로 편안하면서도 단조로움을 느낄 수 있다.

에스닉 이미지 스타일링   내추럴 이미지 스타일링

고저스 이미지 스타일링

고저스(Gorgeous)는 사치스럽고 호화로우며 찬란한 이미지이다. 상류 계급에서 느낄 수 있는 고급스러운 느낌과 럭셔리한 분위기에서 이러한 느낌을 찾을 수 있다. 화려하고 선명한 색상과 함께 여성스러운 느낌의 꽃 패턴, 엔틱한 형태가 더해지면 이러한 이미지를 더 느낄 수 있다. 화려한 감각과 장식적인 느낌을 주는 저채도의 따뜻한 계열의 색상을 중심으로 금색, 베이지, 빨강, 카멜, 주황, 노랑, 퍼플 등을 많이 사용한다.

캐주얼 이미지 스타일링

캐주얼(Casual)은 자유분방하고 활동적이면서 편안하고 생동감 있는 이미지이다. 유쾌하고 명랑한 분위기가 있으며, 역동적이고 속도감이 있는 젊은 감각이 표출된다. 편안하게 즐길 수 있는 분위기로 밝고 화사하지만 멋을 부리지 않는 여유가 있다. 밝고 선명한 색상으로 채도가 높은 1차색이 잘 어울리며, 부드럽고 청명한 색을 배색하면 캐주얼한 느낌을 잘 표현할 수 있다. 코튼 소재의 티셔츠에 활동적인 재킷이나 카디건을 착용하면 캐주얼 분위기가 훨씬 강하게 나타난다.

고저스 이미지 스타일링   캐주얼 이미지 스타일링

퍼스널 이미지 커뮤니케이션

ACTIVITY

나의 패션 스타일을 찾아보자

1. 패션은 특정한 시기에 유행하는 복식이나 두발의 일정한 형식이나 새로운 양식을 말하며, 그 시대의 아름다움을 반영한다. 이러한 패션은 어떤 기능을 하는지 두 가지 측면에서 서술해 보자.

측면 1	측면 2

2. 패션 스타일링은 의복에서 소품까지 하나의 스타일로서 개성에 어울리도록 연출하는 것이다. 나는 어떤 체형인지 분석하고, 나의 패션 스타일링에 있어서 현재의 문제점과 개선 방안을 도출해 보자.

구분	내용
나의 체형	
문제점	
개선 방안	

뷰티 이미지

1 스킨케어

피부는 건조한 바람, 미세먼지, 햇빛 등의 외부 환경이나 건강 상태, 생활 습관, 잘못된 식습관, 스트레스 등 다양한 요인에 의해 피부 건조증과 트러블, 홍조 현상 등이 유발될 수 있다. 외부 환경으로부터 피부를 보호하고 촉촉하고 탄력 있는 피부 결을 유지하기 위해 스킨케어가 필요하다. 건강하고 깨끗한 피부는 보는 사람으로 하여금 좋은 이미지를 갖게 한다.

1. 스킨케어의 개념

스킨케어(Skin Care)는 화장품 등을 써서 피부를 가꾸는 방법으로, 피부 손질 또는 피부 관리라고 한다. 이는 피부를 보호한다는 의미로서, 일반적으로 피부 손질을 말한다. 팩이나 마사지 등에 의한 페이셜 트리트먼트(얼굴 손질)나 보디 트리트먼트가 포함되며, 이러한 목적으로 사용하는 화장품을 스킨케어 화장품이라고 한다. 보디 샴푸, 보디 로션, 탈모제 등이 보디 화장품도 그중 하나이다.

누구나 피부 결이 부드러우면서 탄력이 있으며, 촉촉하면서 윤기가 있고, 피부 톤이 균일하면서 밝은 피부를 갖고 싶어 한다. 얼굴은 평범해도 아름다운 피부를 가졌다면 그것만으로도 남의 시선을 끌 수 있다. 그만큼 피부를 손질하고 유지하는 것이 중요하다고 할 수 있다.

스킨케어는 개인의 피부 상태에 맞게 적합한 관리를 하는 것을 말하는데, 피부를 건강하고 아름답게 유지시키거나 개선시켜 심신의 안정과 만족감을 준다. 신체적인 아름다움은 물론 정신적인 아름다움을 가꾸는 데도 한 몫을 차지하고 있다.

2 피부의 구조와 기능

피부는 우리 몸을 싸고 있는 중요한 기관으로, 전체 몸무게의 7%에 해당하며 1.5mm의 두께로 이루어져 있다. 외부로부터의 자극이나 여러 병원체와 직접 접촉하는 기회가 많고, 체내의 영향도 받기 때문에 다른 장기에 비해 피부 질환의 종류가 많다. 이러한 피부는 가장 바깥쪽의 표피와 혈관이 풍부하게 발달된 내부 결합 조직인 진피, 그리고 가장 안쪽의 피하 조직으로 구성되어 있다.

피부에서 가장 얇은 부위인 표피는 과도한 수분 손실과 물리적 손상 그리고 안쪽에 있는 다른 조직을 보호하며, 외부 병원균의 침투를 막아 피부를 보호한다. 진피는 피부의 주체를 이루는 층으로 전체 피부의 90% 이상을 차지하고 있다. 탄력 섬유와 교원 섬유가 있어 피부의 탄력성과 신축성을 유지시켜 준다. 피하 조직은 절연, 충격 완화, 체온 조절 등의 작용을 하는데, 에너지 저장 창고라고 할 수 있다.

피부는 재생력이 매우 좋은 기관 중 하나로, 항상성 유지에 필수적이다. 이러한 피부는 보호 기능 외에도 다양한 기능을 가지고 있다. 불필요한 땀이나 피지 같은 물질을 배설하는 역할을 하고 감각을 인식하며, 이물질을 막으면서 지방과 수분을 흡수한다. 또한, 지방을 보관하고 칼슘과 인의 대사 및 비타민 D를 생산한다.

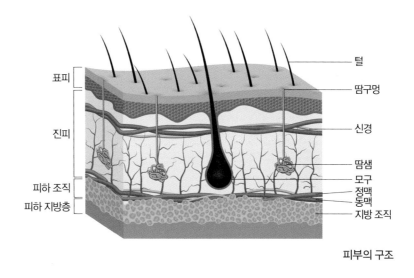

피부의 구조

3 ■ 피부의 유형

피부의 유형은 일반적으로 유분과 수분의 양에 따라 구분하는데, 크게 정상 피부, 건성 피부, 지성 피부, 복합성 피부, 민감성 피부로 나눌 수 있다. 각 유형은 비슷한 점도 있지만, 유형에 따라 특별한 스킨케어가 필요한 유형도 있다.

피부는 연령, 성별, 건강 상태, 음식 섭취, 온도, 계절, 스트레스 등 생리적·환경적·심리적 요인의 영향을 많이 받는다. 건강하고 아름다운 피부를 유지하기 위해서는 먼저 피부 상태를 정확하게 파악하는 것이 중요하며, 피부 유형에 맞는 화장품을 선택하여 올바른 스킨케어를 해야 한다.

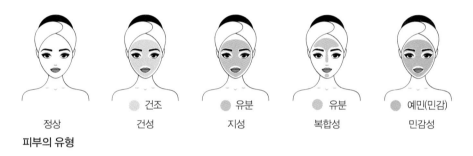

피부의 유형

정상 피부

피부 조직의 상태나 피부 생리 기능이 모두 정상적인 활동을 하고 있는 가장 이상적인 피부이다. 유분과 수분이 적절하게 분비되어 균형을 이루어 표면이 매끄럽고 부드럽다. 촉촉한 보습 상태를 유지하고 있으며, 모공이 섬세하여 눈에 잘 띄지 않지만 계절과 건강 상태에 따라 피부가 변할 수 있다.

스킨 케어	목적	유분과 수분의 균형을 맞추어 현재의 피부 상태를 유지시키며, 자외선 등 외부 환경으로부터 피부를 보호한다.
	방법	• 클렌징 로션, 클렌징크림, 클렌징 오일 등을 사용하여 클렌징한다. • 주 1회 물리적 또는 화학적 각질 제거제를 사용하여 딥 클렌징한다. • 보습 기능이 있는 유연 화장수를 사용한다. • 알로에팩, 비타민C팩, 콜라겐팩, 히알루론산팩을 사용한다.

건성 피부

피지와 땀 분비가 원활하지 않아 유분과 수분의 양이 부족하여 세안이나 목욕 후 즉시 건조함이 느껴져서 자신의 피부에 대해 빨리 알아낼 수 있다. 피부가 노화하면서 발생하기도 하지만, 소홀한 피부 관리와 과다한 자극(바람, 햇빛, 추위, 자극성 비누 세안)에 의해서도 발생한다. 모공이 눈에 띄지 않으며, 심할 경우 각질과 가려움증을 동반하기도 한다.

스킨 케어	목적	유분과 수분의 공급을 통하여 건조를 완화시키고 보습 기능을 강화하며, 피부 보호와 청결을 도모한다.
	방법	• 클렌징 로션, 클렌징크림, 클렌징 오일 등을 사용하여 클렌징한다. • 주 1회 물리적 또는 화학적 각질 제거제를 사용하여 딥 클렌징한다. • 보습 기능이 있는 유연 화장수를 사용한다. • 영양 및 유수분 공급 위주의 팩을 사용하여 주름 관리를 꼼꼼히 한다. • 이중 세안은 자제하고, 세안 시 미온수를 사용하고 찬물로 헹군다.

지성 피부

피지의 분비량이 정상보다 많아 피부 표면이 번들거리며 화장이 잘 지워진다. 모공이 넓고 각질층이 두꺼우며, 피부가 투명한 느낌이 없고 표면이 매끄럽지 못하다. 선천적인 경우가 많으나 수면 부족, 스트레스, 불규칙한 식습관 등의 원인으로 발생하기도 한다. 피부에 먼지나 오염 물질들이 쉽게 붙어 피지가 모공 밖으로 빠져나오지 못해 여드름이나 뾰루지의 원인이 되기도 한다.

스킨 케어	목적	피지 분비를 정상화시키고 수분 공급을 통해 깨끗하고 투명한 피부를 유지시킨다.
	방법	• 클렌징 젤, 클렌징 로션 등을 사용하여 클렌징한다. • 주 1~2회 물리적 또는 화학적 각질 제거제를 사용하여 딥 클렌징한다. • 알코올이 함유되어 있고 피지 제거 기능이 있는 수렴 화장수를 사용한다. • 보습과 피지 제거 기능이 있는 팩을 사용한다. • 철저한 이중 세안을 하며, 오일프리 제품을 사용한다.

복합성 피부

얼굴 부위에 따라 피지 분비량이 다르게 나타나 서로 다른 피부 유형을 이룬다. T존(이마와 콧등)은 피지 분비가 많아 지성 피부를 이루며, U존(볼과 턱선)은 피지 분비가 적어 건성 피부를 이루기 때문에 스킨케어도 매우 까다롭다. 주로 환절기나 화장품의 무분별한 사용, 기름지고 열량이 많은 음식 섭취 등에 의해 발생한다. 피곤하거나 스트레스를 받으면 여드름이나 기미가 발생하기도 한다.

	목적	부위에 따라 차별된 관리(T존 부위는 각질 제거제를 통한 피부 관리, U존은 보습 관리)를 하여 유분과 수분의 균형을 맞추어 피부를 보호한다.
스킨 케어	방법	• 클렌징 로션 등을 사용하여 클렌징한다. • 지성 부위는 고마지나 스크럽, 건성 부위는 효소를 사용하여 딥 클렌징한다. • 보습과 수렴이 가능한 화장수를 사용한다. • 지성 부위는 피지 흡착 효과가 좋은 클레이팩, 건성 부위는 보습 기능이 있는 팩을 사용하며, 함께 사용하기 좋은 팩은 보습 기능이 있는 팩이다. • 이중 세안을 하되, 지성 부위는 세심하게 한다.

민감성 피부

피부의 탄력이 별로 없으며 피부 표면이 얇게 보이는 피부이다. 피부 조직이 정상 이상으로 섬세하고 얇아서 외부 환경적인 요인이나 물리적인 자극에 민감하게 반응하여 가벼운 피부 물질에 의해서도 피부 병변을 자주 일으키는 유형이다. 피부 상태를 고려하지 않고 잘못된 방법으로 피부를 관리하고, 피부 유형에 맞지 않는 화장품을 사용하면 피부가 민감해진다.

	목적	민감한 피부를 진정시키고 보호하며, 피부 자극을 최소화시킨다.
스킨 케어	방법	• 클렌징 로션, 클렌징 오일 등을 사용하여 클렌징한다. • 효소를 사용하여 딥 클렌징하며, 스크럽 등의 자극적인 제품은 피한다. • 알코올이 포함되어 있지 않은 유연 화장수를 사용한다. • 진정 및 보습 효과가 있는 팩을 사용한다. • 수분이 많고 항균 성분과 진정 성분이 함유된 제품을 사용한다.

2 메이크업 이미지

미에 대한 인간의 본능은 변하지 않고 있으며, 현대에 와서 미에 대한 관심과 필요성이 강조되면서 메이크업에 대한 중요성이 점점 높아지고 있다. 그 이유는 메이크업이 타인에게 자신을 매력적으로 표현할 수 있는 중요한 비언어적 소통 수단이기 때문이다. 사람마다 자신을 매력적으로 가꾸는 일의 의미가 다를지라도, 결국은 스스로 최상의 모습이 되고 자신을 돌보며 수용하는 법을 배우는 것이다.

우리는 신체를 아름답게 꾸미기 위해 여러 가지 수단과 방법을 동원한다. 선천적인 자신의 용모를 시대와 문화의 기준에 적합하도록 꾸미고 가꾸어 좋은 이미지를 연출하면 자신의 매력도를 높이고 자신감을 얻을 수 있다.

1 메이크업의 개념과 목적

메이크업의 개념

메이크업(Makeup)의 사전적 의미는 '제작하다, 보완하다'라는 뜻이다. 그러나 일반적 의미는 화장품이나 도구를 사용하여 신체의 장점은 부각시키고 단점은 수정하거나 보완하는 미적 가치 추구 행위이며, 자신의 정체성이나 가치관을 표현하는 것이다. 즉, 얼굴이나 신체의 결점을 수정·보완하고 아름다운 부분을 더욱 돋보이게 하여 개성 있고 아름답게 꾸미고 가꾸는 모든 행위를 말한다. 현재 메이크업은 과거의 미를 추구하는 메이크업의 범위에 한정되어 있지 않고, 새로운 캐릭터 창조라는 예술적인 분야에까지 폭이 넓어지고 있다. 이러한 메이크업은 내적인 아름다움을 외적으로 표출해낼 뿐만 아니라 외적인 변화를 통하여 정신적인 내면에까지 영향을 주는 과학이자 예술이라고 할 수 있다.

최근에는 사회 전반에 영상과 이미지 문화가 침투하면서 메이크업이 단지 얼굴을 중심으로 한 아름다운 용모를 가꾸는 것에만 국한하지 않는다. 여기에서 더 나아가 자신의 정체성을 표현하거나 어떤 역할이나 목적에 맞게 얼굴뿐만 아니라 전체적인 이미지 변화를 가능하게 하는 수단으로 보기도 한다. 따라서 메이크업은 한 시대의 사회적, 문화적 트렌드를 반영하여 끊임없이 새로움을 창조하는 전문 기능으로 인식되고 있다.

메이크업의 목적

인간은 태어나면서부터 아름다워지고자 하는 미적 본능을 가지고 있는데, 미적 본능의 원초적 표현 중 하나가 바로 메이크업이다. 메이크업만이 표현할 수 있는 아름다움과 편리성은 많은 사람에게 큰 만족을 주고 있다.

이러한 메이크업의 목적은 외부의 먼지나 자외선, 대기 오염 및 온도 변화에 대해서 피부를 보호하기 위함이다. 또한, 미용적인 측면으로 보았을 때 피부를 손질하고 얼굴의 모양을 가다듬어 아름답게 꾸미는 미화에 있으며, 궁극적으로는 얼굴의 단점을 보완하고 장점을 부각시키는 것에 있다. 그리하여 외모에 자신감을 부여하여 심리적으로도 능동적이고 자신감을 갖게 하는 효과가 있다.

메이크업, 미적 본능의 원초적 표현

퍼스널 이미지 커뮤니케이션

2 기초화장 테크닉

기초화장은 피부를 아름답게 다듬고 메이크업을 효과적으로 하기 위한 기본적 화장으로, 색조 화장을 하기 전에 하는 화장을 말한다. 이러한 화장의 재료인 기초화장품은 스킨케어를 하기 위한 것으로 스킨/토너, 에센스/세럼/앰플, 로션/에멀전, 크림 등이 있다.

토너/스킨

토너(Toner)는 피지나 노폐물, 메이크업 잔여물을 닦아내어 모공 속에서 일어나는 트러블 등을 예방할 수 있다. 또한, 피부 결을 정돈하여 더 깨끗한 피부를 유지할 수 있게 해준다. 스킨(Skin)은 보습을 목적으로 하며, 세안 직후 메마른 각질층을 촉촉하게 만들어주면서 기초화장품들이 잘 스며들 수 있도록 도와준다.

이렇게 토너와 스킨의 차이가 있으므로 두 가지를 모두 사용해야 한다면, 먼저 닦아내는 토너를 사용한 뒤에 보습을 채우는 스킨을 사용하는 것이 좋다.

에센스/세럼/앰플

농축 정도에 따라 에센스(Essence), 세럼(Serum), 앰플(Ample)의 순서로 나누는데, 스킨보다는 조금 더 농축된(점성이 있는) 형태의 고기능성 화장품이다. 여러 형태의 에센스가 있으며, 피부에 풍부한 영양을 공급하여 보습과 피부 노화 방지에 효과가 있다. 에센스는 각종 보습 성분 및 유효 성분을 많이 함유하고 있으며, 그 특징에 따라 여러 종류로 구분하고 있다. 세럼(Serum)의 본래 의미는 혈청이라는 뜻이다. 미용 농축액이라는 의미로 에센스와 구분 없이 사용하고 있는데, 그만큼 피부에 영양을 주는 것으로 에센스보다 점성이 높은 것이 많으나 큰 차이점은 없다. 미백이나 주름 등 각 상품의 핵심적인 기능을 담고 있으므로, 각자 피부 유형에 맞는 화장품을 선택하면 된다.

에멀전/로션

가장 많이 사용하는 기초화장품으로, 에센스나 앰플보다 점성이 높으며 보습제, 유분, 계면 활성제가 주성분이다. 화장수로 정돈된 피부에 다시 한번 유분과 수분의 균형을 조절해주고, 피부의 항상성을 유지시켜준다. 당김이나 건조함이 줄어들고 다음 단계인 크림의 흡수를 돕는다. 피부 유형에 따라 유분과 수분의 함량이 다른 것을 사용하는 경우가 많다. 에멀전(Emulsion)이 로션(Lotion)보다 수분감이 높고 유분감이 낮으므로 이에 맞추어 사용하는 것이 좋다.

크림

크림(Cream)은 점성이 가장 높다. 외부의 오염으로부터 피부를 보호해주며 기능에 따라 수분 크림, 수면 크림, 미백 크림 등 그 종류가 다양하다. 앞 단계에서 사용한 에센스나 로션의 기능이 잘 흡수될 수 있도록 코팅해주는 역할을 한다. 피부 미백은 화이트닝 크림, 자외선 방지는 선크림이나 선블럭, 아이 크림과 안티클링은 주름을 완화시켜주는 기능이 있다. 또한 클렌징크림은 피부를 깨끗하게 해주며, 베이비 크림과 모이스처는 보습 효과가 뛰어나다.

3 색조 화장 테크닉

색조 화장(Color Makeup)은 피부색을 정돈한 후 색채를 부여하여 용모를 미화하는 것이 목적이다. 기초화장 후 얼굴이나 손톱 등 신체의 일부에 색조 화장을 함으로써 색채 효과를 주어 피부색을 아름답게 표현하며, 피부의 결점을 보완하고 건강하고 매력적인 용모로 변화시킨다. 돋보이는 화장을 위해서는 먼저 기초화장을 철저하게 한 후 TPO에 가장 잘 어울리는 색조 화장을 하는 것이 이상적이다.

베이스 메이크업

베이스 메이크업(Base Makeup)은 피부색을 표현하는 화장으로 바탕 화장을 말한다. 이는 메이크업 베이스, 파운데이션, 파우더 등을 사용하여 얼굴 전체를 투명하고 화사하게 표현하는 화장이다. 피부의 문제점을 효과적으로 숨겨줄 수 있으며, 색조 화장의 근본을 이룬다. 베이스 메이크업이 잘되었을 때 비로소 포인트 메이크업의 아름다움을 실현할 수 있다.

① 메이크업 베이스

메이크업 베이스(Makeup Base)는 파운데이션 전 단계에 사용하는 것으로, 파운데이션이나 파우더가 피부에 잘 밀착되도록 도와주고 피부를 보호한다. 피부 결을 정돈해주는 프라이머와 달리 피부 톤만을 보정해주기 때문에 모공이 넓거나 피부에 패인 자국이 많은 사람에게는 적합하지 않다.

메이크업 베이스는 얼굴 전체에 사용하며, 색상은 여러 가지이다. 따라서 자신의 피부 톤에 어울리는 색상의 메이크업 베이스를 선택하는 것이 좋다. 녹색은 홍조 등의 붉은 기를 중화하기에 좋고, 분홍색은 얼굴 톤이 화사하고 생기 있어 보이도록 하며, 보라색은 주로 칙칙한 노란 기를 중화하기 위해 사용한다. 주황색 혹은 연어색은 다크서클 등의 푸른빛을 중화하기에 좋다.

수렴 화장수를 솜에 묻혀서 얼굴에 가볍게 두드려 바른 후, 메이크업 베이스 0.5g 정도를 얇게 펴서 바른다. 지나치게 많이 바르면 오히려 파운데이션이 밀리게 되므로 소량을 바르는 것이 좋다.

② 파운데이션

파운데이션(Foundation)은 기초, 속옷이라는 의미가 있는데, 메이크업에서는 얼굴 위에 속옷을 입히는 과정이라고 이해할 수 있다. 피부 색조를 균일하게 조정하고 결점을 커버하며, 윤곽을 수정하여 얼굴에 입체감을 주면서 메이크업의 효과를 높여준다. 피지 분비량을 조절하거나 자외선 및 온도로부터 피부를 보호하고 파우더의 밀착력과 지속력을 높여준다. 피부의 결점을 보완하고 피부색을 결정짓는 중요한 단계의 화장이다.

유분과 수분, 색소의 양과 질, 제조 과정에 따라 여러 종류로 분류되는데, 액상 타입, 크림 타입, 케이크 타입, 스틱 타입 등이 있다.

③ 파우더

파우더(Powder)는 파운데이션의 지속력과 밀착력을 높이는 화장용 분을 뜻하는데, 바탕 화장의 마무리 단계에서 사용한다. 파운데이션을 바른 후 파우더로 마무리하면 번들거림 없이 보송보송한 피부 표현을 할 수 있다. 또한, 대기 중의 오염으로부터 피부를 보호한다.

유분이 많은 피부는 유분을 닦아내고 사용해야 파우더가 뭉치는 것을 방지할 수 있다. 화장을 가볍게 하기 위해서는 브러시로 얼굴을 가볍게 터치하듯 사용한다.

포인트 메이크업

포인트 메이크업(Point Makeup)은 얼굴의 한 부분을 강조하여 꾸미는 화장으로, 눈, 입술, 볼 등의 특정 부분을 색이나 화장법을 달리하여 강조한다. 이러한 포인트 메이크업에는 눈 메이크업, 입술 메이크업, 볼 메이크업 등이 있다.

① 눈 메이크업

눈 메이크업(Eye Makeup)은 눈의 결점을 보완하고 표정이 밝은 눈을 표현하기 위한 것으로, 눈 메이크업을 통하여 얼굴 이미지가 결정된다. 이는 아이브로, 아이섀도, 아이라이너, 마스카라의 4단계로 구분한다.

■ 아이브로

아이브로(Eyebrow)는 자기 이미지를 결정하는 데 중요한 역할을 한다. 눈썹의 형태를 다듬고 눈썹을 짙게 하는 등 변화를 주면 얼굴 전체의 분위기를 바꿀 수도 있다. 눈 메이크업이라고 하면 보통 아이섀도를 이용한 메이크업이나 아이라인 그리는 것을 먼저 떠올리기 쉽지만, 얼굴의 인상을 결정하는 데는 아이브로의 역할이 중요하다. 아이브로 메이크업은 아이브로펜슬(Eyebrow Pencil)을 사용하는데, 이때 아이섀도를 같이 활용하는 것이 훨씬 자연스럽고 정교하게 마무리된다. 색상도 분위기에 따라 선택하는 것이 완성도가 높다.

아이브로 메이크업 전후 비교

■ 아이섀도

아이섀도(Eye Shadow)는 탈크와 여러 가지 색소로 만들어졌는데, 입체감을 나타내기 위하여 눈두덩에 칠하는 화장품이다. 눈가에 바른 알록달록한 색깔이나 반짝이는 것이 아이섀도인데, 이는 눈매에 생동감을 부여한다. 크게 파우더 타입과 리퀴드 타입, 크림 타입 등이 있다.

아이섀도는 보통 '베이스 컬러→메인 컬러→포인트 컬러'의 순으로 바르고 점점 색상의 명도가 어두워지며, 갈수록 작은 크기의 브러시를 사용한다. 이외에도 손가락이나 스펀지를 이용해 힘을 주어 눌러가며 바르는 방식으로 진하게 바를 수도 있다. 아이섀도는 양 조절이 매우 중요한데, 아이섀도를 바를 때마다 손등이나 뚜껑, 티슈 등에 브러시를 털어 양 조절 후 발라주어야 한다.

■ 아이라이너

아이라이너(Eye Liner)는 입체감을 나타내기 위하여 눈의 윤곽을 그리는 화장품으로, 눈 메이크업에서 중요한 필수품으로 꼽힌다. 이는 눈매를 뚜렷하게 보이게 하기 위한 것인데, 활동하다 보면 유수분에 의해 번지거나 지워져서 손이 많이 가기도 한다.

길이와 눈꼬리 끝 각도에 따라 눈매를 달리할 수 있다. 눈꼬리가 올라가면 날카롭고 세련된 느낌, 내려가면 부드럽고 청순한 느낌을 준다. 속눈썹 사이사이 점막에 칠할 때는 눈을 반쯤 내리깔고 거울을 보며 칠하거나, 약지로 눈꺼풀을 살짝 들어 올려 칠할 수도 있다.

아이라이너로 눈매를 선명하게 표현하기 위해 속눈썹을 따라 가늘게 선을 그리는데, 눈꼬리를 그리려면 먼저 검정 눈동자의 끝나는 부분을 기준으로 점막에 작게 점을 찍고, 흰자위가 끝나는 부분을 마저 찍고 연결한 후 남는 부분을 채워준다.

■ 마스카라

마스카라(Mascara)는 속눈썹을 짙고 길어 보이도록 하기 위해 칠하는 화장품으로, 눈 메이크업의 완성도와 입체감을 높여준다. 아래 속눈썹에 마스카라를 해주면 분위기가 확 달라진다. 좀 더 섹시한 인상을 줄 수 있으니 마스카라를 할 때는 아래 속눈썹도 염두에 둘 필요가 있다. 마스카라 전에 컬러(Curler)를 같이 사용하면 처진 눈매를 상당히 교정할 수 있다.

브러시의 형태와 성분에 따라 속눈썹 숱을 풍성해 보이게, 길어 보이게, 높이 올라가게 표현할 수 있다. 숱을 풍성하게 하는 것은 볼륨(Volume), 길어 보이게 하는 것은 롱(Long)이나 렝스닝(Lengthening), 높이 올라가게 하는 것은 컬링(Curling)이라고 한다. 제품명이나 라인명을 살펴보면 어떤 형태의 제품인지 알 수 있다.

마스카라를 고를 때는 일반적으로 비교적 빨리 마르고 눈썹이 서로 엉키지 않는 것을 선택해야 하며, 색감이 선명하고 골고루 잘 표현되는 것이 좋다. 또한, 민감한 눈 주위에 사용하는 것인 만큼 안전성이 우선이다. 마스카라의 종류는 매우 다양한데, 리퀴드(Liquid), 롱 래시(Long Lash), 컬링(Curling), 볼륨(Volume) 마스카라 등이 있다.

마스카라를 지속적으로 사용하는 경우 눈 건강에 악영향을 끼칠 수 있다. 시간이 지나거나 눈을 비비면 고정력이 떨어져서 속눈썹을 코팅하고 잘 붙어 있던 마스카라가 가루로 떨어져 눈에 들어가기 때문이다.

마스카라와 속눈썹 메이크업

② 입술 메이크업

얼굴에서 가장 움직임이 많고 표정이 풍부한 부분은 바로 입술이다. 그래서 눈에 잘 띄는 부분으로, 입술에 포인트를 주어 윤곽을 살리고 색감을 주면 한층 매력적으로 보이며 이미지를 향상시킬 수 있다. 입술은 립라인을 따라 그리기만 하면 될 것 같지만, 의외로 눈썹처럼 비대칭인 경우가 많아 균형을 잘 잡아주어야 하며 얼굴형과 이미지에 조화롭게 표현해주는 것이 중요하다.

요즈음 눈 혹은 입에 포인트를 주는 원 포인트 메이크업이 화제가 되고 있어 다양하고 트렌디한 입술 메이크업에 대한 관심이 높아졌다. 입술에 포인트를 주는 이유는 메이크업을 했을 때 얼굴에서 가장 먼저 보이는 부분이 바로 입술이기 때문이다. 또한 입술 컬러만 변화시켜도 다양한 이미지를 연출할 수 있는 점도 입술에 포인트를 주는 이유이다. 입술의 컬러별 이미지는 어느 정도 작위적 노력에 의해서 가능하므로, 입술은 메이크업의 효과가 가장 잘 발휘되는 부분이라 할 수 있다.

이러한 입술 메이크업(Lip Makeup) 재료에는 립스틱(Lipstick), 립글로스(Lip-Gloss), 립 틴트(Lip Tint), 립밤(Lip-Balm) 등이 있다.

입술 메이크업의 컬러별 이미지

컬러		이미지
핑크 계열		보편적으로 잘 어울리는 컬러로, 발랄하고 상큼하다. 틴트 제품이나 글로스 타입을 발랐을 때 자연스럽고 청순한 이미지를 살릴 수 있다.
오렌지 계열		활동적이고 경쾌한 이미지이지만, 잘 어울리지 않는 컬러 계열이므로 색감과 질감을 잘 선택하는 것이 좋다.
레드 계열		시원하고 발랄한 이미지를 주는 반면, 고급스럽고 세련된 분위기를 준다. 레드 컬러가 보편화되면서 젊은 층의 선호도도 높아졌다.
퍼플 계열		로맨틱하며 엘레강스한 분위기를 연출할 수 있다. 고상한 컬러이기는 하나 잘못 사용하면 역효과를 가져올 수 있으므로 톤 선택을 잘해야 한다.
브라운 계열		과거에 유행했던 컬러로, 차분하고 지적인 느낌을 주지만 더운 계절에는 피해야 하는 컬러이다.

③ 볼 메이크업

얼굴에 입체감과 생기를 주고 아름다운 얼굴색과 매력적인 분위기를 만들기 위해 볼에 바르는 색조 화장품을 치크(Cheek) 또는 블러셔(Blusher)라고 한다. 밝고 친근감을 느끼게 하려면 웃는 얼굴, 생기 있는 표정이 드러나야 한다. 여성스러운 상냥함이나 따뜻한 마음을 전달하는 데에는 치크가 최적이다.

치크의 역할은 혈색을 좋게 보이게 하는 것만이 아니다. 치크를 넣는 위치에 따라서 이미지에도 변화를 줄 수 있다. 치크를 올바른 위치에 넣는 것만으로도 표정을 더욱 돋보이게 할 수 있다. 이러한 치크는 무표정에서 만드는 것이 아니라, 정면에서 보고 웃었을 때 올라온 곳에 넣는 것이 좋다. 웃은 상태에서 입꼬리를 올리고 치크를 넣으면 창백한 얼굴이라도 건강하게 보인다.

차갑게 보이고 싶을 때는 뺨의 움푹 패인 곳을 따라서 광대뼈 아래에서 귀의 윗부분 주위를 향해서 오렌지나 코랄 계통의 색을 샤프하게 넣는다. 귀엽고 친근하게 보이고 싶을 때는 웃었을 때 광대뼈가 가장 높게 올라오는 위치보다 약간 위쪽에 핑크나 오렌지 계통의 컬러를 둥글게 넣는다. 눈에 가깝게 둥글게 넣으면 귀엽고 발랄해 보이는 반면, 눈에서 멀게 사선으로 넣으면 모던하고 지적이며 성숙해 보인다.

블러셔는 얼굴에 생기를 주는 효과 이외에도 얼굴형 고민에 따라 블러셔의 색을 이용한 시선의 집중 효과로 보는 사람에게 착시를 주어 단점을 가리기도 한다.

블러셔와 볼 메이크업

3 헤어 이미지

　　머리카락을 여러 형태로 다듬고 꾸미는 방법 또는 그렇게 만든 머리 모양을 헤어
스타일(Hairstyle)이라고 한다. 헤어스타일은 남녀노소를 불문하고 외적 이미지를 추
구할 수 있는 미적 욕구와 자기표현을 위한 수단으로, 시각적 정보를 제공해주며 첫
인상을 결정하는 중요한 요소 중 하나이다. 완벽한 헤어스타일은 자신의 인격, 라이
프 스타일, 얼굴의 특징 그리고 체형에 적합할 때 나타난다. 이러한 나만의 헤어스타
일을 꾸미고 유지하기 위해서는 꾸준한 헤어 관리가 필요하다.

1 머리카락과 머릿결

머리카락

　　모발은 사람의 몸에 난 털을 통틀어 이르는 말로, 체모와 두발(머리털, 머리카락)을
이른다. 머리카락은 사람의 두피에서 자라는 털을 말하는데, 한 사람에게 평균 9~
12만 올 정도의 머리카락이 있다. 머리카락의 굵기는 사람마다 다르며, 대체로 하루
에 약 0.3~0.4mm, 한 달에 약 1~1.5cm가량 자란다. 이러한 머리카락은 다양한 외
부 자극 등 물리적 충격과 자외선, 추위나 더위 등으로부터 머리를 보호한다.

　　사람은 모두 타고난 머리카락의 색이 다르다. 성별, 나이, 인종, 개인에 따라 다르
며 머리카락 수도 다르다. 이러한 머리카락의 색은 멜라닌(Melanin)이 결정한다. 멜라
닌의 양이 많을수록 흑색에 가깝고 점점 갈색, 붉은색, 금색, 흰색으로 변한다. 유멜
라닌이 많으면 검은색, 페오멜라닌이 많으면 붉은색과 금색이 된다.

머릿결

윤기 흐르고 건강한 머릿결은 매력 지수를 높이는 중요 포인트로 수많은 여성들이 이러한 머릿결을 갖기 원한다. 머릿결은 머리카락의 질이나 상태를 말한다. 머리카락의 형태에 따라 직모(Strait Hair), 파생모(Wavy Hair, 반곱슬모), 축모(Curly Hair, 곱슬모) 등이 있다.

머릿결에 윤기만 나도 한결 건강해 보이는 이미지를 가질 수 있다. 보통 건강한 머릿결은 촘촘한 빗으로 빗어도 걸리는 것 없이 깔끔하게 잘 빗기고 햇빛을 받으면 광택이 돈다. 그러나 펌, 염색 등을 통해 머릿결이 나빠지면 푸석푸석해지고 빗질도 잘되지 않아 꾸준한 관리가 필요하다. 특히 긴 머리일수록 관리가 중요하다.

머리카락 표면은 케라틴(Keratin)이라는 막이 보호하고 있다. 그런데 염색이나 펌 등 다양한 시술을 반복하게 되면 케라틴 층 사이가 들뜨게 되면서 색소가 탈색되며, 케라틴이 손상되면서 머릿결이 손상된다. 손상된 모발은 다시 회복하기 어렵지만, 최대한 관리를 통해 머릿결을 좋아지게 할 수 있다. 정전기가 자주 일어나고 건조하여 부스스한 머릿결은 적절한 유분과 수분을 공급해주는 것이 가장 간단하면서도 효과적인 방법이다. 머릿결은 유전적으로 타고 나는 부분도 있지만, 관리를 통해 건강하고 윤택하게 할 수 있다. 이때 영양 공급이 잘 이루어져야 한다.

머릿결이 좋으면 이미지도 좋다

2 모발 관리

윤기가 흐르고 탄력 있는 건강한 모발 관리를 위해서는 균형 있는 식습관을 유지하고, 과도한 열에 의한 손상과 탈색, 염색, 펌 등 화학 제품에 의한 손상을 최소화할 필요가 있다. 모발 관리를 바르게 하면 모발 손상을 최소화하고 모발과 두피를 항상 깨끗하게 유지할 수 있다. 강한 자외선으로 인한 모발 손상이 일어나기 쉬운 여름철에는 두피와 모발 건강에 특별히 신경 써야 한다.

① 머리는 밤에 감는 것이 좋으며 주 2~3회가 적당하지만 지성 모발은 매일 감는 것이 좋다. 손톱을 세워 긁지 말고 손가락 지문을 이용하여 두피를 누르면서 마사지하듯 감아야 하며, 린스 후에는 곧바로 깨끗이 헹구어야 한다.

② 샴푸는 두피 상태에 따라 선택해야 한다. 지성 두피인 경우, 세정력이 높고 컨디셔너 성분을 적게 함유한 것이 좋다. 건성 두피와 손상된 모발에는 세정력이 낮고 컨디셔너 성분을 많이 함유한 샴푸가 좋다. 비누로 머리를 감으면 각종 때가 더 많이 없어지나 윤기가 없고 푸석푸석하며, 서로 엉켜 손상을 준다.

③ 샴푸는 두피에 직접 분사하지 말고 손에 덜어 거품을 낸 뒤 마사지하듯 감는 것이 좋으며, 3~5분간 방치했다가 헹군다.

④ 머리를 말릴 때는 비비지 말고 두드리듯 자연 바람으로 말리는 것이 좋으며, 헤어드라이어를 사용하면 모발에 필요한 수분 성분까지 증발해 버림으로써 모발의 손상을 가져온다.

⑤ 빗질은 힘주지 말고 부드럽게 두피에서 모발 끝 방향으로 빗어서, 기름기가 골고루 코팅되게 해야 한다. 플라스틱 빗은 정전기가 발생하기 쉬우므로 나무 빗이나 브러시를 사용하는 것이 좋다.

⑥ 헤어스타일링제(스프레이, 무스, 젤 등)는 모발에 손상을 주는 화학 성분이 있기 때문에 모발 끝에만 사용하고 너무 자주 사용하지 않도록 한다.

⑦ 잦은 펌이나 염색은 머리카락의 단백질을 잠시 녹여 원하는 모양을 만든 후 다시 굳히는 과정에서 머리카락이 많이 손상되고 가늘어진다.

3 얼굴형에 따른 헤어스타일

신체를 장식하는 방법 중 하나인 헤어스타일을 선택하기 위해서 고려해야 할 사항 중 가장 중요한 것은 얼굴의 형태이다. 헤어스타일은 얼굴 유형에 따라서 다양한 스타일로 변화할 수 있으며, 자신의 외모 이미지와 얼굴을 아름답게 표현하는 중요한 역할을 한다.

계란형

가장 자연스러운 균형을 이루고 있어 어떤 헤어스타일도 잘 어울리는 이상적인 얼굴형이다. 얼굴형의 가로와 세로 길이의 비율이 적당하게 균형을 이루고 있어 헤어스타일 선택의 폭이 넓다. 다른 유형의 얼굴형을 수정하는 데 기준이 되는 얼굴형으로, 얼굴의 윤곽을 그대로 살려주는 디자인을 하면 효과적이다.

턱이 강조된 얼굴로, 날카로운 느낌보다는 부드러운 웨이브가 있는 스타일로 연출하는 것이 가장 이상적이다.

둥근형

볼이 통통하고 헤어라인과 턱선이 눈에 띄게 둥근 원형으로, 실제 나이보다 어려 보이고 귀여운 이미지의 장점이 있지만 세련된 분위기가 부족하다. 동그랗고 넓어 보이는 얼굴을 수정해서 전체적으로 길어 보이도록 연출하는 것이 효과적이다. 앞머리는 옆으로 넘겨 이마를 드러내고 옆머리는 턱선 아래로 내려오는 긴 헤어스타일이나 길이가 비대칭인 언밸런스 커트도 좋다.

사각형

헤어라인이 일직선상으로 똑바르고 턱선이 각진 얼굴형으로, 얼굴이 커 보인다. 딱딱한 턱선에 의해 위압감을 주기 쉬우므로 부드러운 인상을 만드는 데 초점을 맞춘다. 결점을 커버하기보다는 지적이고 세련된 이미지를 표출하여 개성을 드러내거나 부드러운 인상을 주어 여성스러움을 연출하는 것이 효과적이다. 또한, 화려하고 대담한 이미지를 주는 스타일로 연출하는 것도 좋다.

양쪽 머리에 볼륨을 살짝 주어 전체를 둥글게 하고, 웨이브를 약하게 주거나 옆머리로 귀를 반쯤 덮어 준다. 가르마를 타고 얼굴의 옆폭을 좁아 보이게 턱을 감싸주는 스타일도 좋다. 남성은 약간 짧은 커트에 약한 웨이브를 주거나 레이어드 커트로 인상을 부드럽게 보이도록 한다.

역삼각형

양쪽 이마 폭이 넓고 양 턱선이 좁아 턱이 뾰족해 보이는 얼굴형으로, 이마와 균형을 맞추고 턱선에 너비를 추가해 주어야 한다. 헤어 톱을 높여 이마가 좁아 보이게 하는 동시에 양 볼 부위를 밀착시키고 하부에 볼륨을 주어 턱선의 뾰족함을 보완해주는 연출이 효과적이다. 부드러운 뱅 스타일, 귀를 살짝 덮는 스타일, 목 주위에 풍성한 머리카락, 목 근처에서 끝나는 단발 커트가 적합하다.

건강해 보이고 윤곽이 뚜렷한 얼굴형은 같은 역삼각형이라도 얼굴이 다소 둥근 느낌이므로 어떤 스타일이라도 잘 어울린다. 너무 짧은 헤어스타일은 날카로워 보이므로 피한다. 남성은 각진 이마의 양옆을 자연스럽게 가려주어 턱선이 강조되지 않도록 한다.

긴 형

얼굴의 길이는 길고 폭은 좁아 세로의 길이감이 강조되어 보이는 얼굴형으로, 얼굴 가로 길이가 길어 보이는 스타일로 연출한다. 즉, 긴 얼굴을 부드러워 보이게 하기 위해 세로의 느낌보다 가로의 느낌을 살리는 데 초점을 맞춘다.

짧게 층을 내면 부드러운 느낌을 줄 수 있고, 앞머리를 내어 이마를 가려주면 긴 얼굴형을 커버할 수 있다. 앞머리 길이는 짧은 것보다는 눈썹에 닿는 길이의 가벼운 시스루뱅이 어울린다. 턱선 길이에서 아래쪽에 풍성한 컬은 긴 얼굴을 커버할 수 있어 가장 효과적인 헤어스타일이다. 업스타일이나 센터 파트 스타일, 단발머리로 얼굴선보다 짧은 헤어스타일은 얼굴이 더 길어 보이므로 피한다. 남성도 얼굴 가로의 폭을 넓혀줄 수 있는 스타일로 연출한다.

마름모형

마름모형은 다이아몬드형이라고도 하는데, 턱선이 날카롭고 광대뼈가 돌출되어 이미지가 강한 얼굴형이다. 각을 부드럽게 하고 뺨의 넓이를 좁혀주어 광대를 커버하는 데 초점을 맞춘다. 이마가 넓어 보이게 하고 얼굴의 위와 아래의 폭을 각각 넓어 보이게 하는 디자인이 효과적이다. 즉, 앞이마보다 양쪽 이마 부분을 살려서 헤어스타일을 연출하

는 것이 좋다. 옆머리를 내고, 자연스럽게 웨이브로 가려주고, 시선 분산을 위해 중간 길이의 머리카락에 층을 내고, 굵은 웨이브를 주는 것도 좋다.

스트레이트 펌보다는 웨이브로 볼륨감을 주거나 컬을 이용하여 화려한 스타일로 연출하면 잘 어울린다. 뺨의 튀어나온 부분에서 턱선 아래까지 웨이브를 주면 부드러운 인상을 줄 수 있다.

남자도 화장한다, 그루밍족

　여성의 전유물로만 여겨지던 메이크업 시장에도 변화의 바람이 불고 있다. 2018년부터 남녀 구분 없이 사용 가능한 스킨케어, 향수 등 다양한 제품이 출시되며 관심을 모으기 시작한 이후 최근에는 피부색을 보정하는 비비크림, 눈매를 또렷하게 만드는 아이라이너, 입술에 혈색을 높여주는 립밤 등 색조 화장품 영역까지 확대되었다.

　취업 포털 잡코리아와 알바몬이 20세 이상 성인 남녀 2,903명을 대상으로 '그루밍족 현황과 인식'에 대해 설문 조사를 한 결과, 20~30대 남성 5명 중 2명이 스스로를 그루밍족으로 인식하고 있었다. 20대 남성의 43.3%, 30대 남성의 42%가 스스로를 그루밍족이라 답하였다.

　최근 패션과 미용에 아낌없이 투자하는 남성 고객인 그루밍족이 늘어나면서 남성용 화장품 시장 규모 역시 커지고 있다. 시장 조사 기관 유로모니터 기준 2018년 1조 2,000억 원에서 지난해 국내 남성 화장품 시장은 1조 4,000억 원대로 성장하였다.

(출처: 브릿지경제, 2021년 01월 23일)

그루밍족

　그루밍Grooming족은 패션과 미용에 아낌없이 투자하는 남자들을 일컫는 신조어이다. 여성의 뷰티Beauty에 해당하는 남성의 미용 용어로, 마부 Groom가 말을 빗질하고 목욕을 시켜주는 데서 유래하였다. 이들은 외모도 경쟁력이라 여기며 외모를 가꾸는 것을 중요시하는 남성들이다. 자신을 돋보이도록 하기 위해서는 피부와 두발, 치아 관리는 물론 성형 수술까지 마다하지 않는다. 외모와 패션에 신경을 쓰는 메트로 섹슈얼Metro Sexual족이 늘어나면서 그루밍족도 갈수록 증가하는 추세이다.

MAN'S LIFE

퍼스널 이미지 커뮤니케이션

ACTIVITY

나의 얼굴 유형과 헤어스타일을 찾아보자

1. 미에 대한 인간의 본능은 현대에 와서 더욱 많은 관심과 필요성이 강조되면서 메이크업에 대한 중요성이 높아지고 있다. 메이크업의 목적과 베이스 메이크업(바탕 화장)의 중요성에 대하여 서술하라.

메이크업의 목적	베이스 메이크업의 중요성

2. 헤어스타일은 얼굴 유형에 따라 다양한 스타일로 연출할 수 있다. 나의 얼굴은 어떤 유형인지 분석하고, 지금까지 헤어스타일링의 문제점을 찾아내고, 개선 방안과 실행 계획을 세워 보자.

구분	내용
나의 얼굴 유형	
헤어스타일링의 문제점	
개선 방안	
실행 계획	

Chapter 10

상황과 액세서리에 따른 이미지

1. 상황에 따른 이미지 표현

2. 액세서리에 따른 이미지 표현

1 상황에 따른 이미지 표현

상황에 따른 이미지 표현이란 TPO(Time, Place, Occasion), 즉 시간, 장소, 상황에 따라 이미지를 적합하게 표현하는 것을 말한다. 캐주얼웨어는 평상시에 격식에 얽매이지 않고 가볍게 입을 수 있는 옷이고, 비즈니스 웨어는 사무실에서 일을 할 때 입는, 실용적이면서 품위가 있는 옷차림을 말한다. 이렇듯 상황에 따라 옷차림의 배색과 톤 등을 분위기에 맞게 연출해야 하는데, 이는 주위 환경과 조화를 이루며 상대방에게 신뢰감을 줄 수 있다.

사회생활의 기본적 예의이자 통념 중 하나가 바로 TPO에 따라 옷을 갖추어 입는 것이다. 이는 자신을 존중하는 행위이고, 개성의 발현이다. 또한, 새로 만나는 사람에 대한 첫인상을 결정하는 요인도 된다. 그러나 상황과 장소에 맞지 않게 옷을 입는 것은 타인에 대한 존중의 결여가 될 수 있다.

1 면접

면접은 사전적으로 '서로 대면하여 만남'이라는 의미이지만, 흔히 면접시험의 준말로 많이 쓰인다. 합격의 마지막 관문인 면접이 과거에는 채용 과정의 형식적인 통과 의례 정도로 생각되었지만, 최근에는 최종 면접 과정에서 상당수의 지원자가 탈락할 정도로 그 중요성이 높아지고 있다.

최근 기업의 직원 채용 방식은 학력이나 학교 성적 또는 필기시험보다는 면접을 중시하는 경향이 뚜렷해지고 있다. 현대 사회에서 면접을 중요시하는 이유는 서류 전형과 필기시험에서는 파악하기 어려운 지원자의 업무 경험이나 능력, 적극적인 태

퍼스널 이미지 커뮤니케이션

도, 성실성, 유연한 사고, 잠재력, 업무 추진력 등을 파악하기 위해서이다.

사람들은 대개 처음 접하는 사람에 대해서는 겉모양을 보고 그 사람이 어떤 사람인지를 평가하고 판단하는 경향이 있다. 즉, 상대방이 어떤 성격과 특성을 가지고 있는지에 관한 정보를 미리 가지고 있지 않은 상황에서는 말투, 머리 모양, 얼굴 생김새, 옷차림 등의 외적인 측면들을 보고 그 사람의 성격과 특성을 미루어 짐작하는 경향이 있다. 따라서 면접 보는 당일 피면접자의 인상이나 패션 스타일은 면접 성공 여부에 중요하게 작용한다고 볼 수 있다.

면접 볼 때 어울리는 여성 이미지

① 차분하고 단정한 클래식 분위기의 투피스나 스리피스 정장이 무난하다.
② 일반적인 색상은 감청색, 검정색, 회색 계열이 좋다.
③ 무릎길이의 스커트나 일자형의 바지, 밝은색 블라우스, 베스트, 테일러드슈트가 일반적이다.
④ 슈트는 진한 색상을 선택하고, 그 안에 받쳐 입는 블라우스나 셔츠는 연한 색상이나 잔잔한 무늬가 있는 것이 적당하다.
⑤ 스타킹은 피부색이 무난하며, 면접 시 여분의 스타킹을 준비한다.

면접 시 외적 측면을 보고 미루어 짐작하는 경향이 있다

⑥ 머리는 깨끗하게 묶거나 단정한 단발머리가 무난하고, 화장은 진하지 않으면서 밝고 깨끗한 이미지를 주도록 한다.

⑦ 구두는 발등을 덮는 펌프스로 굽이 너무 높지 않은 것이 좋다.

⑧ 액세서리는 작으면서 세련된 느낌을 주는 것이 좋은데, 목걸이나 귀고리 등 한두 가지 정도가 적당하다.

⑨ 전체적으로 깨끗하면서 차분해 보이는 스타일로 연출한다.

면접 볼 때 어울리는 남성 이미지

① 슈트가 바람직한데 감청색, 회색, 카키색 계통이 무난하다.

② 바지 길이는 벨트를 맨 상태에서 똑바로 섰을 때 구두 뒷굽 라인에 맞춘다.

③ 셔츠는 흰색, 연한 하늘색, 아이보리 등 밝은 색상을 받쳐 입는다.

④ 셔츠 칼라와 소매는 겉옷 밖으로 1~1.5cm 정도 나오는 것이 단정하다.

⑤ 넥타이 무늬는 솔리드, 스트라이프, 도트 패턴이 무난하며, 넥타이 길이는 벨트 버클을 살짝 가리는 정도가 좋다.

⑥ 구두는 발등을 덮는 정장용 구두가 적합한데, 정장과 어울리는 색상을 선택한다.

⑦ 양말은 바지 색과 같거나 약간 진한 색이 좋다.

⑧ 전체적으로 깔끔하고 단정한 느낌을 주는 분위기로 연출한다.

면접에 어울리는 복장과 자세

퍼스널 이미지 커뮤니케이션

면접관이 선호하는 복장은 세미 정장

구직자들은 면접 시 복장에 신경을 써야 할 것으로 보인다. 실제로 면접관들은 선호하는 옷차림이 있으며 첫인상을 판단하는 데 영향을 준다고 조사되었다. 5일 [데이터솜]이 '잡코리아'에서 발표한 '지원자 면접 복장 영향 조사'를 살펴본 결과 이같이 나타났다.

잡코리아는 최근 면접관으로 참여한 경험이 있는 직장인 및 기업 인사 담당자 279명을 대상으로 면접 복장이 지원자 평가에 영향을 미치는지 조사했다. 그 결과 87.1%가 '지원자의 첫인상을 판단하는 데 영향을 준다'고 답했으며 이중 63.1%는 '영향을 주는 편이다', 24.0%는 '매우 큰 영향을 준다'고 답했다. 반면 '영향을 주지 않는 편이다'를 선택한 면접관들은 1.8%로 나타났으며 나머지 11.1%는 '보통이다'고 응답했다. 특히 지원자의 면접 복장 때문에 호감이 생겼던 경험이 있다고 답한 면접관들(83.2%)이 선호하는 옷차림의 유형이 있었다.

면접관들이 선호하는 구직자 옷차림의 유형으로는 '단정한 세미 정장'(65.1%)을 입은 구직자를 만났을 때 첫인상이 좋았다는 의견이 가장 높았으며 다음으로는 '정장 차림'(25.0%)을 선호했다. 반면 '편안한 캐주얼 차림'이나 '개성이 드러나는 복장'을 선호한다는 의견은 각 8.6%와 1.3%에 그쳤다.

이처럼 면접 복장이 지원자의 첫인상에 영향을 주는 이유에 대해 면접관 42.4%가 '회사에 입사하고 싶은 의지와 열정 유무를 판단할 수 있다'고 답했다. 또한 면접관 35.8%가 '면접 복장을 통해 지원자의 성격을 예상한다'고 응답했다.

(출처: 데이터솜(http://www.datasom.co.kr), 2022년 07월 05일)

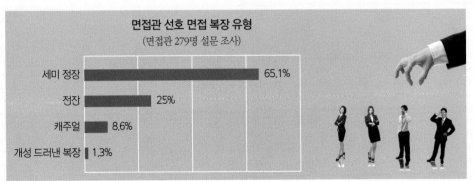

면접관 선호 면접 복장 유형
(면접관 279명 설문 조사)

복장 유형	비율
세미 정장	65.1%
정장	25%
캐주얼	8.6%
개성 드러낸 복장	1.3%

(자료: 잡코리아)

Chap 10 상황과 액세서리에 따른 이미지

2 결혼식 하객

결혼이 하나의 사회 제도라면, 결혼식은 두 사람의 결혼 관계를 사회적으로 공인하는 역할을 하는 예식이다. 따라서 결혼을 축하해주기 위해 참석하는 하객의 옷차림과 행동도 예의를 갖추어야 한다. 친구의 결혼식인지, 가족의 결혼식인지, 직장 동료 또는 지인의 결혼식인지에 따라 옷차림을 다르게 해야 한다. 그리고 가장 중요한 것은 신랑이나 신부보다 튀지 않는 옷 스타일이 좋은데, 흰색은 피하고 차분하고 단정하게 차려입는 것이 무난하다.

사람들은 결혼식장에 가기 전에, '어떻게 하면 신랑 신부보다 돋보이지 않으면서도 우아한 옷차림을 할 수 있을까?'라는 고민을 하게 된다. 결혼식 하객 복장이 딱 정해진 것은 없지만, 캐주얼하게 입기에는 가벼운 느낌이 들고, 그렇다고 완벽한 정장으로 차려입는 것은 오히려 부담스럽다는 생각이 들기도 한다.

결혼식 하객 복장으로는 아이보리, 로즈 와인, 코발트와 핑크 계열의 화사한 컬러로 슈트, 원피스, 투피스 등의 정장에 액세서리는 밝고 화사하게 연출하는 것이 좋다. 젊은이들은 특별히 격식을 따질 필요가 없기는 하지만, 전체적으로 밝고 화사하게 보이면서 예의에 어긋나지 않는 세련된 이미지 연출이 좋다.

결혼식 하객 복장은 신랑 신부보다 튀지 않게

퍼스널 이미지 커뮤니케이션

3 조문객

　장례식은 죽은 사람을 저승으로 보내주기 위해 치러지는 의식이다. 조문은 장례식장에 찾아가 고인의 명복을 빌고, 유족 등을 만나 위로와 애도의 뜻을 전하는 일이다. 그러므로 조문객은 엄숙한 마음으로 예의와 격식을 갖추어 조문해야 하며, 복장도 조문객 복장으로 예의에 어긋나지 않게 갖추고 가야 한다.

　남성의 경우 검은색 정장을 입는 것이 무난하나, 검은색 양복이 준비되지 못한 경우 감색이나 회색 양복도 무방하다. 와이셔츠는 될 수 있는 대로 화려하지 않은 흰색 또는 무채색 계통의 단색으로 하는 것이 좋다. 또 넥타이와 양말은 검은색이 기본이나, 검은색 계열의 넥타이가 없는 경우에는 넥타이를 하지 않아도 무방하다.

　여성의 경우도 검은색 옷을 입는 것이 예의인데, 검은색 상의에 무채색 계통의 폭이 넓은 치마가 가장 무난하다. 그리고 검은색 구두에 스타킹이나 양말을 필히 착용하여 맨발이 보이지 않도록 한다. 또 화려한 디자인의 가방이나 액세서리, 진한 화장은 피하는 것이 좋다.

조문객 복장과 예절

Chap 10

245

4 맞선

맞선은 남녀가 연애에서 결혼까지 염두에 두고 만날 이성을 찾는 행위를 말하는데, 줄여서 선이라고도 한다. 소개팅 역시 이성을 만나는 자리이지만, 소개팅이 주로 학생들이 연애를 전제로 한 자리라면, 맞선은 사회인이 결혼을 전제로 한 무거운 자리이기 때문에 20대 후반~30대 전반 정도의 사람들이 많다. 이때 옷도 정장을 제대로 차려입고 만나는 것이 보통이다.

맞선은 남녀의 학벌이나 직업, 외모를 미리 탐색해 대충 비슷한 레벨의 남녀를 매칭시키는데, 서구권에는 거의 없는 문화이며, 유독 한국과 일본에서만 발달해 있다. 남녀 관계에서 지나치게 소극적인 한국 문화 때문에 제3자가 나서서 남녀를 연결시키는 문화가 생겨난 것이다. 그러므로 서로 어려운 자리일 수밖에 없는데, 이 자리야말로 첫인상이 가장 중요하다고 할 수 있다.

외모 못지않게 옷차림은 호감도를 결정짓는 중요한 요소 중의 하나이다. 여성들의 경우 상대방이 청바지, 티셔츠, 점퍼 등 캐주얼 옷차림으로 나오면 자신과의 맞선 자리에 성의가 없는 것 같았다고 기분 나빠하는 경우가 많다. 남성은 깔끔한 바지에 셔츠, 니트와 재킷으로 마무리한 세미 정장을, 여성이라면 원피스나 세미 정장 차림이 이성에게 호감을 느끼게 한다.

맞선에서의 복장과 매너는 호감도를 결정한다

퍼스널 이미지 커뮤니케이션

5 레저/스포츠

산업 사회의 발달에 따른 물질적 풍요로움은 정신적, 신체적, 사회적 건강을 더욱 절실히 요구하고 있다. 현대 사회에서 스포츠는 인간의 삶에 있어서 선택이 아닌 필수 요소가 되면서 인간의 스포츠에 대한 욕구는 갈수록 커지고 있다.

현대 사회는 본격적인 레저 사회로 변화함에 따라 레저를 어떻게 즐길 것인가가 삶의 질을 결정하는 중요한 요소로 작용하고 있다. 경제 성장과 의료 기술의 발달로 건강과 삶의 질에 대한 관심이 증가함에 따라 각 개인의 맞춤식 스포츠 활동은 개인의 문제를 넘어 국가적인 이슈로 대두되고 있다.

운동복은 운동이나 스포츠를 할 때 입는 기능성 의류를 말한다. 스포츠의 종류가 다양한 만큼 운동복의 종류도 매우 다양하며 포괄적이다. 신체 보호, 운동 능률 향상, 노폐물 흡수 등이 주요 기능이기 때문에 신축성과 내구성이 좋고 흡습성 또한 좋아야 하며 착용감도 좋아야 한다. 이러한 운동복은 여러 신소재를 비롯한 합성수지를 이용해 제작되는 경우가 많은데, 무엇보다 활동성이 좋아야 한다.

요가

조깅

축구

여러 가지
레저/스포츠
복장

등산

테니스

Chap 10 상황과 액세서리에 따른 이미지

6 미술관/음악회

미술관이나 음악회처럼 품격 있는 공공장소에 갈 때는 복장에도 신경을 써야 한다. 미술관 관람 에티켓의 기본은 다른 사람의 감상을 방해하지 않고 작품에 해를 끼치지 않도록 하는 것이다. 복장은 자유이지만, 최소한 슬리퍼 차림으로 가는 것은 예절이 아니다. 복장이 불량하다고 관람을 막는 것은 아니지만, 지나치게 캐주얼하지도 않고 지나치게 정장일 필요도 없는 편안한 복장이면 된다.

미술관은 시간을 들여서 천천히 감상하고 느끼려면 상당히 오랜 시간을 서 있어야 한다. 그래서 깔끔하되 편안한 옷과 편안한 신발을 신는 것이 바람직하다. 구두도 웬만하면 굽이 낮은 것으로 신는 것이 좋다. 복장은 예술 세계와 어울리는 조용하고 차분한 그레이, 베이지, 프러시안블루(진한 파랑) 등의 모던 슈트가 좋다.

음악회의 경우 화려하고 격조 있는 클래식한 분위기의 차림이 좋다. 굳이 원칙을 제시하자면, 남성의 경우 연미복(White Tie) 혹은 턱시도(Black Tie)와 같은 복장을 착용하는 것이 관례이다. 만약 이런 복장이 부담스럽다면 최소한 검정 계열의 정장 (Dark Suit)이면 좋다. 여성의 경우는 정장형의 드레스(Evening Dress)나 깔끔한 정장 또는 장식이 있는 원피스로 드레시한 분위기를 연출할 수 있다. 우아한 분위기를 연출하려면 블랙 컬러의 정장에 골든 액세서리와 화려한 스카프가 어울린다.

미술관 전시회에서 정장을 입은 사람들　　　　음악회에 어울리는 복장

퍼스널 이미지 커뮤니케이션

2 액세서리에 따른 이미지 표현

액세서리(Accessory)의 본래 의미는 '부속품, 보조물'이라는 뜻으로, 여기에서는 신체나 의복에 부착시키기 위한 부속품을 말한다. 액세서리의 범위는 모자, 백, 구두, 장갑 등을 아우르지만, 일반적으로는 실용보다도 장식을 목적으로 한 반지, 목걸이, 귀고리, 팔찌, 브로치 등의 장신구를 말한다.

1 신발

땅을 딛고 서거나 걸을 때 발에 신는 물건을 통틀어 신발이라고 한다. 가죽, 고무, 비닐, 헝겊, 나무, 짚, 삼 등 다양한 재료로 만들며, 구두와 운동화만 하더라도 모양과 용도에 따라 여러 가지 종류가 있다. 땅바닥에 있을지 모를 위험한 물체로부터 발을 보호하고 보온 기능을 하며, 운동화 등은 신체 활동을 돕기도 한다.

신발은 발에 착용하는 옷을 뜻하는데, 패션의 마무리 단계에서 의복을 더욱 돋보이게 하고 의복을 착용한 사람의 센스나 인상을 파악할 수 있다.

운동화는 운동할 때 신는 신이나 평상시 활동하기 편하게 신는 신을 말한다. 이름대로라면 운동할 때 신는 신이지만, 평상시에 신고 다니기 좋은 걷기 편한 신발이다. 일상화라고 보아도 무리가 없으며, 이러한 운동화는 편안함과 내구성을 갖추는 것이 중요하며, 세탁도 편한 것이 좋다.

구두는 다른 소품보다 태도에 더 많은 영향을 준다. 세련되고 고급스러운 구두는 이미지를 완성시키는 역할과 옷의 전체 분위기를 바꾸어줄 수 있다. 따라서 항상 정돈되고 청결하게 유지해야 한다. 구두의 기본 색상은 검정색, 베이지, 갈색, 와인색

여러 가지 모양의 운동화

이 무난하다. 구두의 색상을 선택할 때는 무엇보다 슈트의 색상과 잘 어울려야 하며 하의와 같은 색상이나 하의보다 좀 더 어두운(진한) 색이 좋다. 또한, 가방(핸드백)과의 조화도 고려해야 하며, 양말이나 스타킹의 색상과 무늬도 고려해야 한다.

　　구두는 주로 가죽을 재료로 하여 만든 신으로, 흔히 정장에 맞추어 신는 신을 말한다. 전통적인 디자인의 가죽 소재로 만든 구두라면 어느 옷에나 잘 조화시킬 수 있다. 발등이 많이 덮인 구두는 다리가 짧아 보이고, 발등이 많이 파인 구두는 다리가 길어 보인다. 또한, 굽 높이에 따라 키가 작거나 커 보일 수 있으며, 뚱뚱하거나 날씬하게 보일 수도 있다.

여러 가지 모양의 구두

퍼스널 이미지 커뮤니케이션

2 모자

모자는 예의를 차리거나 일광 차단, 보온, 안전, 멋, 신분 표시 등을 목적으로 머리에 착용하는 옷가지를 말한다. 모자는 모양과 용도 및 소재에 따라 그 종류가 매우 다양하며, 반드시 모자를 써야 하는 직업도 있다. 이러한 모자도 패션이며, 형태에 따라서 다양한 이미지를 연출할 수 있는데, TPO에 맞게 착용해야 자신의 개성을 잘 표현할 수 있으며 얼굴을 더 매력적이고 아름답게 보일 수 있다.

모자는 옷의 색상과 유사한 계열의 색상을 선택하는 것이 좋으며, 얼굴 크기와 키를 고려하여 선택한다. 볼륨이 있는 모자는 얼굴이 큰 사람에게 어울리며, 볼륨이 작은 모자는 얼굴이 작은 사람에게 어울린다. 또한 키가 큰 사람은 챙이 넓은 모자, 작은 사람은 챙이 좁은 모자가 어울린다.

모자 착용 시 가장 중요한 것은 모자의 형태가 자신의 신체와 얼굴형을 보완해줄 수 있어야 하고, 모자를 썼을 때 어색하지 않고 자연스러워야 한다.

용도와 모양에 따른 여러 가지 모자

3 양말/스타킹

양말은 발을 따뜻하게 하고 신발과의 마찰을 줄여주어 발을 보호하는 목적으로 맨발에 신는 것이다. 양말은 땀을 흡수하고, 발을 편하게 해주며, 발의 체온을 유지하고 발이 지저분해지는 것을 방지한다. 또한 신발이 자기 발보다 조금 크다면 두툼한 양말을 신어 흔들림을 방지할 수도 있다. 양말은 용도와 크기 및 기능에 따라 종류가 매우 많은데, 스타킹도 양말의 일종이다.

양말의 소재로는 주로 실크, 울, 면을 많이 사용하고 있다. 정장에는 실크 양말을 신는 것이 원칙이지만 실크 감촉의 면제품이나 울제품으로 대용해도 괜찮다. 양말의 색상은 슈트의 색상과 조화를 이루는 것이 중요하며 바지나 구두의 색상과도 일치시키는 것이 잘 어울린다.

스타킹(Stocking)은 목이 긴 여성용 양말을 말하는데, 나일론 등으로 만들어 얇고 신축성이 강하다. 여성의 다리를 보호하며 아름답게 만들기 위해 신는 스타킹은 의상과 구두를 고려하여 색상과 디자인을 선택해야 한다. 스타킹의 색상은 살색이나 커피색이 가장 무난하다. 구두의 톤은 스커트나 팬츠보다 어두워야 하지만 스타킹은 구두보다 밝아야 한다. 이렇게 맞추어 신으면 다리가 길어 보이고 단정한 느낌을 준다. 불투명 스타킹은 다리를 길어 보이게 하며, 무늬가 있는 스타킹은 다리를 굵어 보이게 한다. 지나치게 화려한 색상이나 무늬가 들어간 팬티스타킹은 점잖은 자리에서는 피하도록 한다.

양말과 스타킹

퍼스널 이미지 커뮤니케이션

4 스카프/머플러

스카프(Scarf)와 머플러는(Muffler)는 장식용으로 사용하는 얇은 천을 말하는데, 목에 두르거나 머리에 쓰기도 하고 옷깃 언저리에 약간 내놓거나 허리에 매기도 한다. 스카프와 머플러는 작은 변화로 큰 변신을 할 수 있는 패션 소품이다. 과거와는 달리 지금은 방한용으로 겨울에만 사용하는 것이 아니라 장식적인 면에서의 활용 가치가 더 높다.

스카프는 화려한 컬러나 무늬로 다양한 스타일을 연출할 수 있는데, 단순한 옷차림에 포인트를 주거나 감각적으로 보이게 하는 데 효과적이다. 그러나 의복과 스카프를 모두 화려한 색상으로 연출하면 전체적으로 어수선한 분위기가 되므로 의복과 어울리는 색상과 무늬를 선택해야 한다. 의상이 단색이면 화려한 스카프, 의상이 화려하면 단색 스카프를 매는 것이 좋은 연출법이다.

스카프 매는 방법은 여러 가지가 있는데, 목에 두르는 것이 아닌 머리에 묶어 헤어 액세서리로 활용할 수도 있다. 그런데 매는 방법이 중요한 것이 아니라 체형이나 의상과의 조화를 고려하여 매는 것이 중요하다. 목이 짧은 사람에게는 목을 최대한 시원스럽게 보이기 위해 묶거나 세로로 늘어뜨리는 방법이 효과적이다.

스카프와 머플러

5 ⬛ 액세서리(주얼리)

액세서리(Accessory)는 복장의 조화를 도모하는 장식품을 말한다. 장신구는 몸 치장을 위한 것으로, 반지, 귀고리, 노리개, 목걸이, 팔찌, 비녀, 브로치, 넥타이핀 등을 통틀어 이른다.

인간이 장신구를 몸에 지니는 동기는 다양한데, 지위나 신분 표시와 함께 가장 강한 동기는 미적 욕구의 만족, 아름답게 보이고 싶다는 장식 본능이다.

액세서리 하나가 스타일 전체를 완성시키기도 하지만, 액세서리를 반드시 착용해야 하는 것은 아니고 필요 여부를 따져 스스로 선택할 수 있다. 하지만 대부분의 액세서리는 분명한 용도와 확실한 의도를 지니고 있다. 단지 그것의 소재나 공정에 따른 고급스러움의 정도가 선택 사항이 된다.

액세서리는 스타일링의 마무리이며 액센트를 주기 위한 것으로 체형과 얼굴형, 의복, 메이크업 색상과의 조화 등을 고려해야 한다. 그리고 무엇보다 TPO를 고려하여 액세서리를 선택하면 감성과 개성을 반영한 이미지를 표현할 수 있다. 이러한 액세서리는 많이 착용한다고 이미지가 부각되는 것은 아니며, 한두 가지 정도만 골라서 악센트를 주는 것이 효과적이다.

반지는 흔히 장식으로 쓰이기도 하지만, 커플링이나 결혼반지처럼 특별한 뜻을 담고 있는 경우도 있다.

귀고리는 여러 형태가 있지만 얼굴, 스타일, 체형에 적합한 것을 착용해야 한다.

목걸이는 네크라인이 단순하고 많이 파진 디자인에 하는 것이 효과적이다.

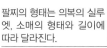

팔찌의 형태는 의복의 실루엣, 소매의 형태와 길이에 따라 달라진다.

브로치는 의복을 고정시키기 위한 장신구이나, 장식을 목적으로 하는 경우도 많다.

TPO에 맞는 이미지를 표현해 보자

1. TPO에 맞는 옷차림의 의미와 필요성에 대하여 서술하고, TPO에 맞는 옷차림을 했을 때 기대되는 효과는 무엇인지 서술하라.

TPO에 맞는 옷차림의 의미와 필요성	기대 효과

2. 사회생활의 기본적 예의이자 통념 중 하나가 바로 TPO에 따라 옷을 갖추어 입는 것이다. 다음 각 경우 TPO에 맞는 이미지 표현은 어떻게 해야 하는지 적어 보자.

경우	여성	남성
면접		
결혼식 하객		
조문객		
맞선		

References
참고 문헌

강길호 외 1인(2003). 커뮤니케이션과 인간. 한나래.

강진주(2009). 이미지 컨설팅 요럴 땐 요렇게. 영진미디어.

구노 나오미 저, 정세영 역(2020). 컬러 선택이 쉬워지는 배색사전. 북커스.

권석만(2017). 젊은이를 위한 인간관계의 심리학. 학지사.

김경호 외 1인(2005). 리더십을 키우는 참 좋은 이미지. 연.

김경호(2020). 이미지메이킹의 이론과 실제. 높은오름.

김동윤(2013). 인간관계 이론. 커뮤니케이션북스.

김보배(2010). 퍼스널 이미지 컨설팅. 경춘사.

김봉관(2018). 인간관계와 커뮤니케이션. 대왕사.

김수인 외 2인(2019). 글로벌 에티켓과 이미지 메이킹. 양성원.

김윤아 외 1인(2020). CS와 이미지 메이킹. 구민사

김은정 외 1인(2007). Color: 색. 형설출판사.

김정현(2006). 설득 커뮤니케이션의 이해와 활용. 커뮤니케이션북스.

김형일(2014). 코랄 커뮤니케이션. 커뮤니케이션북스.

김희숙 외 3인(2009). 스타일메이킹. ㈜교문사.

꿀샘(2022). 2022 컬러리스트 실기시험 산업기사 COLORIST. 미진사.

데이비드 월러 저, 박세연 역(2018). 평판 게임. 웅진지식하우스.

돈 콜버트 저, 박은영 역(2006). 감정치유. 미션월드라이브러리.

박길순 외 3인(2012). 패션 이미지 스타일링. 궁미디어.

박연선 외 1인(2007). 색채용어사전. 도서출판 예림.

베탄 패트릭 외 1인, 이루리 역(2014). 1%를 위한 상식백과. 써네스트.

변영희 외 2인(2016). 퍼스널 이미지메이킹. 도서출판 청람.

송은영(2018). 인상이 바뀌면 인생이 바뀐다. 집사재.

신경원(2019). 아주 사소한 몸짓의 힘. 북카라반.

오경화 외 4인(2007). 패션 이미지 업. ㈜교문사.

오미영(2013). 커뮤니케이션. 커뮤니케이션북스.

오선숙 외 4인(2017). 퍼스널 이미지메이킹. 경춘사.

윌리엄 장(2008). 일 잘하는 사람의 커뮤니케이션. 쌤앤파커스.

유순근(2016). 비즈니스 커뮤니케이션. 무역경영사.

유승희 외 4인(2016). 상담학 사전. 학지사.

유재웅(2013). 국가 이미지. 커뮤니케이션북스.

유재웅(2016). 이미지 관리. 커뮤니케이션북스.

이경손 외 3인(2011). 패션 스타일링을 위한 코디네이션. ㈜교문사.

이경희 외 2인(2006). 패션과 이미지메이킹. ㈜교문사.

이도훈(2007). 국가 이미지 제고를 위한 메가문화이벤트 콘셉트 도출에 관한 이론적 고
    찰−프랙탈(fractal) 이론의 적용을 중심으로. 홍익대학교 대학원 박사학위논문.

이명천 외 1인(2005). 광고학개론. 커뮤니케이션북스.

이선경 외 2인(2018). 퍼스널 이미지메이킹. 구민사.

이소은(2021). 퍼스널 컬러 이미지 마케팅. 이코노믹북스.

이숙연 외 3인(2017). 코디네이트 미학. 훈민사.

이승철(2016). 의식과 무의식이 빚은 1만 개의 언어(생물산책). 과학동아.

이윤경(2010). 우리가 스킨케어 할 때 이야기하는 모든 것. 성안당.

이인희 외 3인(2022). 페이셜 트리트먼트. 메디시언.

이제영(2018). 커뮤니케이션 입문. 시간의 물레.

이준호(2021). 건강한 걷기. 건강한 삶.

이형욱 외 1인(2019). 커뮤니케이션의 기술. 북아띠.

임영호(2012). 커뮤니케이션을 공부하는 당신을 위하여. 커뮤니케이션북스.

장성은 외 1인(2016). 토탈 패션 · 뷰티 코니네이션. 경춘사.

정미영 외 3인(2006). 이미지 메이킹과 서비스 매너. 도서출판 청람.

정연아(1999). 나만의 이미지가 성공을 부른다. 느낌이 있는 나무.

정연아(2001). 성공의 법칙: 이미지를 경영하라. 넥서스

조 내버로 저, 김수민 역(2019). FBI 관찰의 기술. 리더스북.

최영재(2005). 정치인의 비언어적 행위와 이미지 형성: 눈물 효과에 관한 실험 연구. 한국
　　방송학보.

최윤희(1996), 인터컬처럴 PR. 책과길.

최인희 외 4인(2018). 이미지 캐스팅. 양성원.

최인희 외 5인(2018). 서비스 통 매너. 양성원.

한국여행발전연구회(2011). 세계화 시대의 에티켓과 마인드. 대왕사.

한명숙 외 1인(2005). 자기 이미지 커뮤니케이션. ㈜교문사.

황정선(2010a). 내 남자를 튜닝하라. 황금부엉이.

황정선(2010b). 스타일리시한 여자와 일하고 싶다. 황금부엉이.

황정선(2011). 일 잘하는 그녀의 컬러 스타일북. 황금부엉이

259

뉴스앤잡(http://www.newsnjob.com)

세계일보(https://www.segye.com/newsView/20090618002008)

한국강사신문(http://www.lecturernews.com)

퍼스널 이미지 커뮤니케이션

저자 소개

안성남

ksmian@naver.com

숙명여자대학교 특수대학원 향장학 석사

호서대학교 벤처대학원 경영학 박사

여성인력개발센터 전문강사

이미지경영, 컨설팅 전문가

CS 및 이미지메이킹 전문강사

면접관 이미지메이킹 컨설턴트

한국서비스경영연구소 소장

(사)한국메이크업전문가직업교류협회 이사

(사)한국스타일리스트직업기능협회 이사

한국뷰티경영학회 부회장

경기대학교 평생교육원 국제미용계열 교수

호서대학교 문화복지상담대학원 패션뷰티비즈니스학과 초빙교수

퍼스널 이미지 커뮤니케이션
Personal Image Communication

2023년 2월 1일 1판 1쇄 인쇄
2023년 2월 10일 1판 1쇄 발행

지은이 • 안성남
펴낸이 • 김진환
펴낸곳 • ㈜ **학지사**
04031 서울특별시 마포구 양화로 15길 20 마인드월드빌딩
대표전화 • 02)330-5114   **팩스** • 02)324-2345
등록번호 • 제313-2006-000265호

홈페이지 • http://www.hakjisa.co.kr
페이스북 • https://www.facebook.com/hakjisabook

ISBN 978-89-997-2803-7 03320

정가 22,000원

출판미디어기업 학지사
간호보건의학출판 **학지사메디컬** www.hakjisamd.co.kr
심리검사연구소 **인싸이트** www.inpsyt.co.kr
학술논문서비스 **뉴논문** www.newnonmun.com
교육연수원 **카운피아** www.counpia.com